国家出版基金项目
NATIONAL PUBLICATION FOUNDATION

20世纪人文地理纪实 第二辑
主编: 杨镰

延安一学校

程今吾/著　吕晴/整理

Yanan yi Xuexiao

中国青年出版社

（京）新登字083号

图书在版编目（CIP）数据

延安一学校/程今吾著；吕晴整理. —北京：中国青年出版社，2012.12
（20世纪人文地理纪实）

ISBN 978-7-5153-1181-4

Ⅰ.①延…　Ⅱ.①程…②吕…　Ⅲ.①学校–概况–延安市–1944~1946
Ⅳ.①G529.6

中国版本图书馆CIP数据核字（2012）第255725号

*

中国青年出版社 出版 发行

社址：北京东四12条21号　邮政编码：100708

网址：www.cyp.com.cn

编辑部电话：(010)57350511　门市部电话：(010)57350370

三河市世纪兴源印刷有限公司印刷　新华书店经销

*

675×975　1/16　12印张　2插页　135千字

2012年12月北京第1版　2012年12月河北第1次印刷

印数：1–5000册　定价：24.00 元

本图书如有印装质量问题，请凭购书发票与质检部联系调换

联系电话：(010)57350337

《20世纪人文地理纪实》

总　序

20世纪，是人类社会进展最快的世纪。20世纪的通行话语是"变革"。

就中国而言，自进入20世纪，1911年"辛亥革命"为延续数千年的中国封建王朝的谱系画上了句号，1919年"五四"运动，新文化普及，1921年中国共产党成立，为现代中国奠定了基础。20世纪前50年间，袁世凯"称帝"、溥仪重返紫禁城，北伐、长征、抗日战争……直至1949年中华人民共和国成立，新中国受到举世关注。此后，特别是从"文化大革命"到改革开放，这些历史事件亲历者的感受，深刻影响了一代又一代人。

20世纪是中国进入现代时期的关键的、不容忽视的转型期，以20世纪前半期为例，1900年，"八国联军"践踏中华文明，举国在抗议中反思；1901年，原来拒绝改良的清廷宣布执行新政；1906年，预备立宪……以世界背景而言，"十月革命"，两次"世界大战"，成立联合国……1911年到1949年，仅仅历时30多年，中国结束了封建社会，经历了半封建半殖民地到社会主义的巨大跨越。反思20世纪，政治取向曾被视为文明演进的门槛，"不是革命就是反革命"，不是红，就是黑，一度成为舆论导向，影响了大众思维。

无可否认，在现代社会，伴随社会的进步、发展，中华民族的民主、科学精神逐步深入人心的过程，是中国历史最具影响力的事件，是可持续发展的推动力、中国现代时期的鲜明特点。

《20世纪人文地理纪实》则为这一影响深远的历史过程，提供了真实生动的佐证。

20世纪的丰富出版物中，一定程度上因为政治意图与具体事件脱节，人文地理著作长期以来未能受到充分关注，然而文学、历史、政治、文化、语言、民族、宗教、地理学、边疆学、地缘政治……等学科，普遍受到了人文地理读物的影响，它们是解读20世纪民主、科学思维成为社会主流意识的通用"教材"。

人文地理纪实无异于在社会急剧变革过程进行的"国情调研"，进入20世纪的里程碑。没有这部分内容，20世纪前期——现代时期，会因缺失了细节，受到误解，直接导致对今天所取得的成就认识不足。

就学科进展而言，现代文学研究是最早进入社会科学研究前沿位置的学科之一，《20世纪人文地理纪实》则为现代文学家铺设了通向文学殿堂的台阶：论证了他们的代表性，以及他们引领时代风气的意义。

与中华文明史、中国文学史的漫长历程相比，从"辛亥革命"到中华人民共和国建立，30多年短如一瞬间，终结封建王朝世系，弘扬社会主义精神文明，是现代时期定位的标志。

"人文地理"，是以人的活动为关注对象。风光物态、环境变迁、文物古迹、地缘政治……作为文明进步的背景，构建了"人文地理"的学术负载与阅读空间。

关于这个新课题，第一步是搜集并选择作品，经过校订整理重新出版。民国年间，中国的出版业从传统的木刻、手抄，进入石印、铅印出版流程，出版物远比目前认为的（已知的）宽泛，《20世纪人文地理纪实》的编辑出版，为现代时期的社会发展提供了参照，树立了传之久远的丰碑。否则，经过时间的淘汰，难免流散失传，甚至面目全非。

《20世纪人文地理纪实》与旅游文学、乡土志书、散文笔记、家谱实录等读物的区别在于：

人文地理纪实穿越了历史发展脉络，记录出人的思维活动，人的得失成败。比如边疆，从东北到西北，没有在人文地理纪实之中读不到的盲区。21世纪，开发西部是中国现代化可持续发展的重要内容。开发西部并非始于今天，进入了现代时期便成为学术精英肩负的使命：从文化相对发达的中原前往相对落后的中西部，使中西部与政治文化中心共同享有中华民族的丰厚遗产，共同面对美好前景。通过《20世纪人文地理纪实》，我们与开拓者一路同行，走进中西部，分享他们的喜怒哀乐、分担他们的艰难困苦。感受文明、传承文明。源远流长的华夏文明与中华民族的文化，不会因岁月流逝、天灾人祸，而零落泯灭。

《20世纪人文地理纪实》是20世纪结束后，重返这一历史时期的高速路、立交桥。

程今吾与延安"抗小"

吕 晴

1944年春，陶行知的学生兼助手程今吾由重庆调到延安，同年9月被任命为八路军抗属子弟小学校长。陶行知生活教育理念与延安精神的结合，成就了《延安一学校》这本书和这本书描述的这所学校。

在程今吾来延安三年前的1941年8月，八路军总后勤部在延安设立"八路军干部子弟小学"，收容中共干部子女及烈士子女入学，是一所兼有保育院和小学性质的学校。最初仅有学生二三十人，后学生增多，学校扩建，校名改为"第十八集团军抗日军人家属子弟小学"，习惯上称"八路军抗属子弟小学"，简称"抗小"。

"抗小"学生多为中共高干子女，任弼时之女任远征、项英之女项苏云、之子项学诚、刘伯承之子刘太行、林伯渠之子林用三、罗瑞卿之子罗箭、李维汉之子李铁映、乌兰夫之子乌可力、乌杰、薄一波之女薄西莹等，均曾在"抗小"就读。下一代在此生活读书，上一代对"抗小"自然多多关照。"抗小"开办之初，毛泽东主席、朱德总司令指示：娇养的想法和做法，不但教育不好孩子们，反而害了他们，一定要从实际出发，在保护孩子们安全健康的基础上，认真严格地教育和锻炼他们，绝不要娇养。但实际上中央军委还是给予"抗小"相对延安其他机关学校更为优厚的物质条件。"抗小"学生的生活标准比延安普通干部高，当然也高于作为普通干部的"抗小"教师的标准，常吃大米白面肥肉，肥肉吃腻了，就倒在猪食缸里；衣服不但质料较好，样式也特殊，一律童子军服，男孩船帽，女孩长裙，被周边百姓视为贵族学校。"抗小"学生自恃父辈官大，在学校里，看不起校长、教务主任、教师，视这些比他们的父辈低很多级的干部为豆大的官，至于炊事员、保姆，就更加不放在眼里。国民党封锁延安以前的一个时期，"抗小"的学生并没有经常地进行生产劳动，很多学生的劳动观念、劳动习惯很差，嫌脏怕累，自认为将来要去外国留学，不屑于眼前的生产劳作。

"抗小"成立一年后，即逢延安整风，随后发展为"抢救运动"，"抗小"亦被席卷。时任校长吴燕生领导开展"抢救运动"，以逼供坦白的方式，查出并拘禁了若干名"特务"教师和"特务"学生，弄得学校人心大乱，严重影响了学校正常的教学秩序。

"抗小"发生这种事，中央很是重视，中组部派出工作组进校调查，撤销了吴燕生的校长职务。1944年1月，新校长封克涵到任，立即着手运动纠偏，宣布教师和学生中无特务，尽力安抚在"抢救运动"中受到伤害的教师和学生，使学校恢复了正常的教学秩序。

封克涵是1927年入党的老党员，老红军，高小学历，长期做农运工作，无教学经验，政治坚定，注重学生的思想教育，针对"抗小"学生的"特权思想"，给学生们灌输红军的革命传统和思想作风，努力培养学生们热爱劳动的观念。结果，革命的名词术语大道理，灌输了不少，十岁的孩子，也能满口"无产阶级"、"资产阶级"、"站在党的立场"，实际上只是鹦鹉学舌，并无心效。

中央鉴于封克涵的工作仍未如人意，管不住这批学生，决定再换校长，此次选中的是刚到延安的陶行知教育学派的干才、具有丰富教学办学经验的程今吾。

　　程今吾原名程蕴璋，曾用名程洁声、程今吾、沈文星、宁越，1908年出生于安徽省嘉善县的一个山区小镇，江苏徐州中学毕业，做过塾师、小学教师，1930年进入陶行知创办的南京晓庄师范学习。晓庄师范旨在培养具有"生活力"的乡村教师，摒弃"两耳不闻窗外事，一心只读圣贤书"的传统教学方式，适应中国广大贫困农村的生活环境，将教育和生活紧密结合，教、学、做合一。田间劳动是学生们每天必修的功课，通过自己的劳动获得必要的生活用品，在劳动的过程中学习知识，"手脑双挥，在劳力上劳心"。程今吾在晓庄师范学习一年多，成为陶行知生活教育理念的热情宣传者和实践者。此后辗转于浙江、广东、安徽、江苏、广西、四川等地任教，1938年加入中共地下党，其后亦在陶行知创办的重庆育才学校等处任职。1944年春调入延安，1944年9月任八路军抗属子弟小学校长。

　　陶行知的生活教育思想，本为适应中国农村贫困的生活环境，而"抗小"位于物资条件较为困乏的西北地区，窘迫于国民党的物资封锁，需要自力生产解决一部分衣食教室教具的欠缺，在这种物质条件下产生的"自力更生艰苦奋斗"传统，与陶行知的生活教育理念很是契合；另一方面，相比延安其他单位，相比周边居民，"抗小"较为优越的物质条件，以及父辈的高位令"抗小"学生自居优越，轻视劳动人民及体力劳动，这种学生虽然一向不是陶行知系学校的主要生源，但这种轻视劳动及劳动人民的倾向，却又是陶行知生活教育思想极力克服的着力所在。所以，选择程今吾担任"抗小"校长，可谓知人善用。

　　程今吾对实行陶行知生活教育思想有长期的执教经验和丰富的

具体方法。程今吾首先将孩子们纳入各种组织，把他们旺盛的精力和智能引导到积极的有意义的活动中去。在学校教导科的领导下由学生组织一个学生会，下设图书馆长、俱乐部主任、黑板报编辑、服务团长、伙食委员、生产委员，有一种活动事项，就设一个负责的委员，有些部门下面，还有较多的组织，例如俱乐部下面有乐队、秧歌队，服务团下面有勤务组、调解组、小护士组、小保管组、小先生组。孩子们根据自己的爱好和特长参加小组活动，在有组织的活动中，建立起孩子们的生活秩序，推动工作学习，培养了孩子们的劳动观念和为他人服务的观念，纪律教育也通过这些组织活动来进行。孩子们的头脑被有益有趣的活动占据了，学校的风气为之一变。

与此平行，学校在课余生产劳动中把学生组织进农业组、纺纱组、养蚕组、图书装订组、木工组、缝补组、泥石工组等生产小组，在不妨碍学生健康学习的前提下，让孩子们做一些做起来有兴趣、有意义的劳动。在生产劳动中，时时把握时机，随时对孩子们进行劳动、创造、建设方面的思想训练，让孩子们体验到劳动创造一切，劳动者的崇高伟大，剥削阶级的可耻可恨，培养正确的劳动态度和劳动纪律。学校还组织学生到周边农村教妇女识字，组织高年级农业组的学生替缺少劳力的群众和抗日军人家属收割庄稼、打场、挑水、劈柴、扫院子。

学校试行通过孩子们的生活、学习、劳动、游戏等具体活动来进行阶级教育，把阶级教育渗透到孩子们的各种具体生活中去。

当时延安机关的伙食标准分为三等：小灶、中灶和大灶，"抗小"学生的伙食标准原来是中灶，高于普通干部与"抗小"教职员工的大灶，后来"抗小"学生也改为大灶，全校教职员、学生、杂务人员，都在一个灶上吃饭，在"抗小"范围内取消了伙食等级，为减弱孩子们的等级观念，增强平等意识，创造了一个小小的基础。

针对"抗小"学生有看不起伙夫、马夫、保姆，看不起劳动人民的落后意识，学校就组织孩子们为学校上了年纪的伙夫保姆祝寿，孩子们布置会场，制作礼物，校长教师带头给老人们行礼拜寿，孩子们也称呼他们爷爷奶奶。此次隆重的祝寿活动，在学生中引起了很深的震动，使孩子们懂得了在革命队伍中，无论职位高低，都是为人民服务的，每个人都应受到尊重。

1992年，当年"抗小"祝寿活动的寿星之一保育员谢奶奶百岁生日时，当年的学生李铁映率同"抗小"众同学为谢奶奶祝寿，可视为程今吾教育理念的脉脉余香。

程今吾在教学方法上有自己的实践与想法。他在"抗小"提倡"寓教于乐"的启发快乐式教学方法，引导出孩子们学习的兴趣，发挥他们的想象力，让学生在轻松愉快的气氛中学到知识，受到教育，打破死板、沉闷、填鸭式的教学法。打破课堂界限，随处皆可教学。教师通过学生校外散步、旅行及其他各种活动的机会，来锻炼孩子的造句，引起他们对于周围各种事物的认识，有时见景生情，趁机讲解相关诗文，培养他们作文的兴趣和能力。还把自然教学与生产劳动配合起来，教授学生生产知识，像种蔬菜、种庄稼、纺纱、染布、养蚕、养蜂、养鸡、种树，不但讲书本知识，还指导学生实地去做。对于学校周边的植物、动物、各种矿石以及冰雪云雾日月星辰等各种自然现象，日常生活的各种用品用具，都用来做活的教材。

每一次大的活动，都有组织，有领导，有计划，有检查，有讨论，有总结，有批评和自我批评，这已经和延安整风后党政机关的工作模式很一致了，预先锻炼了孩子们在未来革命工作中需要具有的知识、能力和品格。

"抗小"的教师们大都依照自己多年前受教育时所经验的老办法，各自以旧学校的、教会学校的、乡村私塾的、部队里面的教育方式教导学生。以延安当时的情况，程今吾没有条件先做好教师培训再开展教学，只能依山就势，在工作中另行设法。程今吾经常召开教学经验交流会，讨论问题，研究工作，一点一滴地改进教师的教学方法，日积月累。具体的教学行动，课程安排，还是放手让教师自己做，校长从旁观察，再抽空和教师谈心，交流经验。

"抗小"是一所"保教合一"的学校，既是保育院又是小学，既是学校又是家庭，学校承担的首要任务是保证学生的安全健康，生活愉快，在保证孩子安全健康的基础上才谈得到提高教学质量。鉴于学生中多有中共重要干部及烈士的子女，保证学生的健康安全成为学校的头等大事。程今吾任校长期间，做了大量工作增强学生体质，采取许多预防措施，严防意外事故，几年下来，孩子们个个健康活泼，平平安安。

有一个时期，延安经济困难，物资缺乏。"抗小"也和延安其他机关一样，开展大生产运动，生产主粮副食，以补不足。程今吾校长带头，全体员工及高年级农业组的学生一大早上山开荒种地，然后再赶回来上课。

程今吾有个习惯，十分注意工作经验的总结，每当工作一个阶段，完成一项任务之后，他总是尽力把在实践中积累的经验、心得整理成文，并将经验提升到一定的理论高度上来。《延安一学校》就是程今吾从1944年9月至1946年3月在"抗小"工作经验的总结，朴实无华地记述了"抗小"师生工作学习的全貌，并将经验条理化、系统化。1946年3月，刚刚卸任"抗小"校长的程今吾，在赴任下一个职务之前，总结近两年的工作经验，写出《延安一学校》的初稿。其后胡宗南进攻延安，程今吾随中央机关行军千里，沿途修改、整理书稿，最后在到达河北武安县境时，《延安一学校》终稿。

这本书是一部四平八稳的工作报告，详细描述了学校工作的内容，翔实地列举了学校的工作成绩，这些成绩也是程今吾作为校长的工作成绩。政治工作的成绩，生产工作的成绩，教学业务的成绩，这三者相互结合的成绩，以巧妙的教学方法实现了政治工作的目标，以生产工作结合教学实践，既促进了生产，又活化了教学，总之，写出来的都是看起来很不错的实实在在的成绩，不能写的、不方便写的，则不触及。多写自己刚接任时学校有诸多缺陷的状况，经采取措施后有什么改善，至于改善之后依然存在的缺点，则轻轻带过，或者以描述未来改进的愿景代替。"抗小"开展"抢救运动"，那么大的事，却没在书中留下什么痕迹。

此书像所有延安机关当时的宣传报告一样，满篇是正面、向上的氛围和工作成绩，几十年后回头看，历史显露出许多当时的宣传报告所省略的东西。仅仅读这些宣传报告，读者不能理解也想象不出中国后来为什么会出现反右、大跃进、"文革"——既然延安时已如此之好，已改正消除了许多负面的东西，那么反右、大跃进、"文革"又是从什么地方凭空生长出来的呢？此书与同时代描写延安的其他书籍一样，未能解答这个疑问。

1947年冬天，《延安一学校》由晋冀鲁豫解放区华北新华书店印刷出版，随后各解放区纷纷跟进印行。1948年至1950年三年间，新洛阳报社、中原新华书店（宝丰）、上海新华书店、华北新华书店（邯郸）、太岳新华书店（沁源）、东北书店（佳木斯）、东北新华书店（哈尔滨）、北京新华书店、苏北新华书店（扬州）都印行过该书。一时间，《延安一学校》成为展示解放区教育事业的一个范本，影响广泛，称得上是一本畅销书。北京育才学校的归国华侨黄石志老师，20世纪50年代初在海外看到这本书，深受感动之后，毅然回到祖国投身教育事业。

国共内战爆发后的1946年11月，"抗小"奉边区政府命令撤离延安，到安塞县白家坪并入陕甘宁边区战时儿童保育院小学部（简称'延安保小'）。1947年5月，已并入延安保小的原"抗小"大部分师生由原"抗小"校长郭林率领，渡过黄河，穿吕梁、太行山，历时数月，行军2000多里，到达河北境内，并入晋冀鲁豫边区邯郸行知学校，后该校又与晋察冀边区联合中学、晋察冀边区光明小学合并，同时中、小学分开，分别成立华北育才中学和华北育才小学。1949年夏，华北育才小学迁入北平先农坛，次年秋，更名为北京育才小学，直至今日。

本次整理《延安一学校》所用底本，是1948年1月华北新华书店出版的版本。

目录Contents

001~003

第一章　是一所革命军人子女保育院

1.

是一所革命军人
子女保育院

简史和概况

　　八路军为了照顾抗战中的革命军人家属，一九四一年八月，在延安创办了一所学校，专门收容留在陕甘宁边区的革命军人和工作人员子女，使他们受到教养。开始的时候，只有四五十个孩子，到一九四五年，发展成为一所二百二十个学生的学校。

　　孩子们的爸爸妈妈，大部分在前方和日寇作战，有的在陕甘宁边区机关部队里工作；其中一部分孩子的父母已经在土地革命、抗日战争中牺牲了，这些孩子就成为革命遗孤。学生的生活学习，全部在学校里，实际就是一所革命军人子女保育院。

养育着各式各样的孩子

　　孩子最小的六岁，最大的十五岁，男孩女孩约各占半数。孩子们的情况是很复杂的；如果以地区来分，除新疆、青海、西康、西藏等边远省份以外，几乎各省都有，也有些少数民族的孩子；有农村里的拦羊娃娃，也有生长在都市里的儿童；多数孩子从小就跟着父母在革命队伍里过生活，有些孩子曾在战地参加儿童团和日寇作过斗争。所以他们有着各自不同的生活经验，能讲出很多使人高兴、使人掉泪的生活故事。现在举几个孩子来谈一谈：

黄义先，十二岁，男孩，江西人。父亲母亲都是红军。土地革命时期，他妈妈在战争中生下他几分钟之后，就被追赶上来的阶级敌人杀害了。他被扔在山崖里，敌人走后，过了一两天，才被他父亲找到，幸而还活着。但不久他父亲也在战斗中牺牲了。他一直是由他父亲、母亲的战斗伙伴抚养大的，他随着红军走过很辽远的路途。他常说："我很早就没有父亲、母亲，共产党就是我的父亲、母亲。"

　　黄曼曼，十二岁，女孩，湖北人。她母亲生下她的时候，正被阶级敌人关在监狱里，父亲在她没有出世以前，就被国民党反动政府杀害了。她常说："我一生下来，就做了国民党监狱里的小犯人。"其他像阎小毛、崔荣，都是在阶级敌人的监狱里生的。自小父母就牺牲了的孩子，数目很不少。

　　李元铭，十岁，男孩，山西人。父亲早死，自小就跟着姐姐、姐夫参加八路军，在战争中过生活。他加入儿童团，在战地做通讯、侦察工作，常常在黑夜里，一个小孩子通过荒山丛林一点都不害怕。他有很丰富的战地知识，怎样送信？怎样侦察？怎样埋地雷？他都晓得；谈起战地生活，他就眉飞色舞的滔滔不绝。

　　在这个大家庭里，就教养着这一群各式各样的孩子。

004~010

第二章　要把生活搞得合理

2.

要把生活搞得合理

用人力补足物力的困难

陕甘宁边区进行了几年的建设，经济已在上升，但物质条件仍然困难。加上政府为了减轻人民负担，备荒备战（对日寇总反攻），要加紧节约；部队机关学校，一般的供给水平都低。政府虽然特别优待儿童，如果靠供给的物资过活，仍然会感觉到困难。但物力的困难，并不能阻止工作，在进步的政治条件下，我们却有发挥劳力，克服物质困难的自由；部队、机关、学校，都在努力开荒种地，经营工业，来改善自己的生活。因此只要我们在生产方面有本领，有劳动力，肯苦心经营，便不难战胜穷困。政府在资金方面、土地方面、经营方面，都给予便利和帮助。

一衣一食来处不易

在土山坡上挖成许多窑洞居住，是陕北的生活特色之一，学校就办在山坡上的窑洞里。我们一共有六十五孔窑洞，吃饭、上课、睡觉都是在窑洞里，窑洞不够住，就在山上找适当的地方去挖，有钱就雇工人，没钱就自己动手。其中有五孔窑洞，就是在一九四四年上半年，由教员和事务人员自己动手打成的。

小米是陕北主要的食粮，政府每人每天发给十八两小米（四五年备荒时只发十五两），为了优待孩子，现在每人每月调剂三升六合麦子（四五年春天备荒以前，曾调剂一半麦子，备荒时减至每人调剂一升五合）。伙食供给，每人每月猪肉三斤，清油一斤，盐一斤，石炭四十五斤，蔬菜调料全由自己解决。政府供给标准高低，并不能决定一个单位的伙食好坏，还要看以自己生产收入补助伙食的情况，以及伙食管理调剂是否得法。

学生每年政府发给单衣两套，棉衣一套，单鞋两双，棉鞋一双，羊毛四两（自己织成毛袜）。教员及工作人员每年发一套单衣，每两年发一套棉衣，一双单鞋（发原料自制）。孩子们一年三双鞋子是不够穿的，每年一套棉衣，许多孩子仍然穿得很破很脏，如果蒙上罩衣，可能经济而合理得多。这种供给制度，还需要研究改进。

学生的学习用品，办公杂支等项，政府发给一小部分，大部分由学校生产解决。

以上是政府供给的。根据一九四五年全年的收支决算，政府所供给的，约占全部开支百分之七十，其余百分之三十，靠自己设法解决。因此，要把生活搞好，还要靠自己在生产节约上多多努力。

男耕女纺建立家务

学校一九四四年起在罗家沟（距延安城五十里），开辟一个农场，由五个生产员种了六十多垧地，播种谷子、糜子、玉米、豆子、洋芋，当年收了四十多石粮（因天旱歉收）。

在学校附近，有九亩水地、十亩旱地的菜园，播种菠菜、白菜、水萝卜、莴苣、番茄、苞子白、黄萝卜、黄瓜、南瓜、洋芋、秋萝卜、蔓青、茄子等蔬菜，全校员生二百八十人的蔬菜（每天每人一斤）靠自己菜园供给，一九四四年因为大水和经营不得法，蔬菜歉收，管理员拿着钱去买人家的坏萝卜、烂洋芋，而且很难买到，大大的影响了伙食。去年（一九四五年）共生产蔬菜七万一千斤（约值边币九百八十万元），因此新鲜蔬菜，我们就不缺少了。

去年由韩复荣同志（八路军荣誉军人），在农场拦了四十多只羊。春天都是些瘦弱的小羊，到了冬天就赶回一群肥羊，还带着羊羔。

烧水的张玉东同志（八路军退伍军人），用菜园的烂菜叶、厨房剩下的菜饭，洗锅水、糠麸、野菜等，经常喂着二十多头猪，其中有一只母猪，去年就下了两窝猪娃子，慢慢养成肥猪。这样，除了政府供给外，我们还可以经常杀自己养的猪羊，增加肉食。

磨房是去年（一九四五）四月成立的。一个人管两盘磨，每天能磨六斗麦子，供学生面食。有时也把小米、玉米磨成面，蒸馍蒸糕吃。另外还有一盘水磨，是磨豆浆给学生喝的，同时也做豆腐。

还有六头驴子组成的运输队。粮食、石炭和各种生活用品，都要从十五里或七十里以外驮回来。在空闲的时候，就替商人运货赚脚钱，作为生产。

教职员除伙食、衣服由公家供给以外，像面巾、牙刷、牙粉、肥皂和日常零用，要靠自己生产解决。由全体教职员选出生产委员会来领导大家业余生产，分纺纱和农业生产等小组。每人每年生产任务最少四斗小米，最多一石小米，生产任务多少，是以各人体力、工作时间和个人需要，经过大家讨论决定的。身体不好，工作太忙，有娃娃的女同志等，可以酌量减少或免去任务。在课余的时候或假日，教职员有的坐在窑洞里"嗡嗡嗡"的摇纺车，有的揹着镢头在山坡上掏地；也有用养蜜蜂或参加学校打窑洞等修建工程来完成自己生产任务的。炊事员、生产员，除了有节约生产分红以外，还抽出时间种些烟叶、蔬菜。去年伙房里八个炊事员，实行变工，种了好几亩萝卜和洋芋，秋天收到几百斤萝卜和二千多斤洋芋。大家除掉公家供给，再加上些私人生产收入，生活就较为优裕，同时也减轻了公家的负担。

去年（四五年）春天天旱，眼看着就要造成灾荒。政府号召防旱备荒，并决定教职员、事务人员每人自己生产一个月的口粮（政府全年只发十一个月粮食）。我们组织了变工队；校中的工作，由大家分担，抽出十二位身体较强的同志到罗家沟农场，趁着雨后抢种了廿四亩糜子，留在校里的女同志和身体较弱的男同志，也在学校附近种了四亩糜子，一个月防荒粮的任务完成了。

物力维艰务须节约

一九四四年秋季，因为管理不善，学生和工作人员生产的两石多谷子，放在一个破窑里给雀子、老鼠差不多吃光了。买了几百斤萝卜，因为菜窑没搞好，全冻坏了，有不少浪费的地方。一九四五年起，把仓库和菜窑搞好，并经常检查，免掉粮食、蔬菜霉烂，厨房里实行节约分红，并教育炊事员自动注意粮食、石炭、厨房用具的节约；如果炉灶费炭，他们就自动提出修改，煮饭按人数下米、下面（干饭每人每餐四两五，面每人每餐十两，稀饭每人每餐二两三，大米干饭每人每餐半斤），剩饭、剩馍、厨房用具也能注意爱惜；饭灶的炊事员苏宜和同志、韩述仁同志，当蒸笼破了的时候，就自行修补，要到完全不能用，才买新的，木盆破了，就自己箍起来用；把盛水的木桶，用石头垫高起来，免得沤烂。粮食节约，去年五月份至十二月份八个月，共节约小米十三石六斗八升三合；石炭八千五百九十八公斤。学生在纸张、笔墨、衣服方面，也节约不少。

我们的学校，养骡、马、猪、羊，有田地、菜园、仓库、磨坊……大家动手，男耕、女纺；注意收干晒湿，料理柴、米、油、盐，来把生活搞好，把学校办好。在经济落后一时还不会很富足的环境里，学校不能一味依靠政府发经费，还得节约生产，为学校建立起家务。在这里给我们办教育的同志提出一个问题，要我们除了懂得怎样教育学生以外，还要有经营产业，管理家务的本领。我们在工作中时时感觉到这一方面知识的不足。

自助人助

另外，外面的捐款，对于改善孩子们的生活帮助也很大。一九四五年，解放区救济委员会捐助我们一百八十万法币，用在卫生设备、生活设备和增加营养上，这对于改善孩子们生活的帮助是很大的。

生活情况

政府的供给和自己的生产节约，加上外界的帮助，到一九四五年下半年，孩子们的生活水平达到每天早晨可以喝到一碗豆浆，平均每人每日可以吃到二两肉。粮食在我们自己设法调剂之下，每月可以吃到二十餐麦面，两餐大米。蔬菜由菜园供给，每人每天一斤，有时也吃些桃子、西瓜、西红柿、梨子、花红、枣子、花生等，孩子们的营养状况因而改善。孩子们的牙刷、牙粉、衬衣、被褥，学校看各个孩子的需要，给以补充。其中大部分是学校自给的，去年冬季除被服局补充外，我们自己就补充了五十一丈七尺布，四十一斤三两棉花，四条毡子，三十二双棉鞋，占补充总数百分之五十六。

　　吃饭、穿衣、住窑洞是孩子们的最实际的物质生活，我们反对把生活提得过高，养成孩子们讲求吃穿的少爷脾气，但是，却不等于反对把生活料理得调和合理。只有把生活搞得合理，孩子们的健康才有保证，教育实施也才有基础。

011~018

第三章　经过四年八个月，每个孩子都平安

3.

经过四年八个月，
每个孩子都平安

小儿病流行到山沟里

陕北地方是一个荒凉的高原，气候是大陆性的。冷热变化很激烈，雨量少，空气干燥，疾病很多；严重的小儿疾病，流行在陕北的山沟里，像麻疹、天花、猩红热，脑脊髓膜炎、白喉、百日咳……等都时常发生。所以过去陕北的儿童死亡率为百分之六十，成为人口上一个严重问题。近年来，尤其是四四年冬天文教会以后，政府正展开群众的卫生运动，提倡讲究卫生，村庄里打井，改良中医，训练助产人员，提倡西医下乡，成立卫生合作社、保健药社，奖励医药模范、卫生模范，和疾病死亡作斗争。

在疾病流行、物质困难的条件之下，儿童保育机关，如何保证儿童健康安全，确是一件艰难工作。一般讲起来，儿童集体养育，比由母亲自己养育一两个孩子困难较多。

积极的保健工作

首先，把生活搞好，使孩子营养充足，生活过得和谐，体力壮健，对于疾病，就有较强的抵抗能力；其次，在劳动生活，体育运动当中，注意锻炼孩子的体格，使他们强壮、耐劳；再次，生活愉快也是健康的重要条件之一，师生关系的敬爱，同学关系的和睦，使孩子生活在学校里常常快乐，精神愉快的孩子，疾病是会减少的。我们就照着这个方向进行。去年（四五年）下半年，推定教导科长、总务科长、医生、伙食管理员等，组织了一个生活委员会，专门负责研究孩子们的营养改善，生活指导等问题。参加委员会的，都是学校工作中的负责同志，工作的进行，也就较为便利。我们还有一个保姆班，有五个左右的保育人员，专门照料六岁到十岁的孩子；同时管理孩子的生活，也是级任教员的重要任务，他要经常指导孩子们的穿衣、吃饭，和注意健康状况，并与医生、保姆取得联系；倘发现某个孩子有生病的情况，就立刻通知医生。

卫生教育

卫生教育，是由教员和医生共同负责的，平时，在和孩子接触谈话中间，随时告诉他们一些卫生知识，纠正孩子们的不卫生习惯。上卫生课的时候，医生除讲一般的卫生常识以外，还根据实际情况，给孩子们讲些疾病发生和预防的知识。例如：当附近脑膜炎流行的时候，医生就把脑膜炎是哪一种细菌作怪，经过怎样的路径传染的，怎样预防等作为教材，讲给孩子们听；并且就照着医生所讲的预防方法，实地做起来。大孩子可以讲得深些，小孩子就讲得简单扼要些，最小的孩子就编成故事给他们讲。其他如：孩子中间发生疥疮、顽癣、感冒、胃病等，也就拿实际的例子做教材给孩子讲课。有一个时期，专门请一位年长的女教员，做十二三岁以上的女孩子的卫生指导。后来请到一位女医生，就由医生负责。

环境卫生

学生的寝室、教室，每天派值日生，轮流打扫；寝室里的尿罐，也由学生轮流提到河边洗刷，每天由医务所的护士，按号检查，记上符号，每周、每月经常总结公布，奖励好的，批评坏的，有时也发动竞赛，选举模范，发给奖旗。全校各个场所划成区域，由各班学生分区负责打扫；每星期举行大扫除一次。并在适当地方挖垃圾坑、污水池，注意垃圾污水的处理。

没有时间是不行的

过去我们虽然督促孩子注意料理自己生活，但没有给他们一定的时间，所以不容易做好。一九四五年下半年，各班在课程表上规定是定一个下午给他们作为卫生活动的专门时间，这个下午，在级任教员指导下，让孩子打扫院子、场地、洗衣、洗澡、洗头，把生活料理得干干净净的。在保育性质的学校里，指定时间，让孩子料理生活，是非常必要的；没有"时间"，要孩子注意清洁卫生，便会成为空话。

认真预防严格隔离

"预防第一"。每年都要注射伤寒、霍乱疫苗。去年春季，全体孩子，都种了牛痘。当发现附近有"百日咳"的时候，就给较小的孩子打防疫针。在脑膜炎流行的时候，就给孩子在鼻孔里点蛋白银和服少量黄胺类的药片，并戴上口罩。学校里面有隔离室，给有传染病的孩子居住，有传染病嫌疑的孩子，也要隔离起来。一九四六年春天，脑膜炎流行，学校立刻对外隔离；除总务科一二同志出外采买以外（出去时，要在鼻孔里点上蛋白银，戴上口罩；回来时再点一次蛋白银，并将口罩煮过消毒），其余全体教职员、学生，一律不准请假外出，对外停止会客，谢绝参观，并将校门加锁。同时，给孩子们增加营养和休息时间，特别注意早晚穿衣盖被，以保持充足的抵抗力。

疾病护理

当孩子发生疾病的时候，立刻告诉医生，请她来诊查，假如是普通小病，就留在校内医治、休养，由护士负责看护。当护士忙不过来的时候，教员保姆也参加看护工作。我们还选择较大的女同学，在医务所学习做小护士，帮助照料生病的同学。病号的伙食，是依照医生的意见，另外煮些大米稀饭、挂面、鸡蛋汤等。其他如疥疮、顽癣、痧眼等，每天规定时间，在医务所经常医治。

我们只有一位医生，一位护士和几十种普通药品，较重的疾病，还得送到医院医治。中央医院距离学校十五里，当孩子发生重病或急性病的时候，无论是白天夜晚，一定遵照医生的意见，很快的把孩子送到医院里去。去年四月廿五日的晚上，一个十三岁的女孩子突然病重，一时找不到人抬担架，教员马光明同志，洗衣员吴成保同志，护士范玉林同志，就自己动手，把孩子抬着送到医院里去。又如：刚发觉一年级的男孩甘辛发生脑膜炎症状，立刻就把孩子送到医院，当时院里的小儿科床位很挤，不能收容；学校方面，多方设法要求、争论，终于争取把孩子收下，得到较快的医治。同时，当孩子发生较重的疾病的时候，倘若他的家长或委托照料的亲友在近处，学校就马上派专人送信通知他（不捎带或由通信站寄）；父母或亲友，对于孩子的救治、看护，是会尽很大的力量的。我们对于每个生重病的孩子，都这样处理。甘辛病好以后（仍有一条腿走路不便）；他的父亲甘治陶同志向教员说："学校对于孩子的病，已经尽了责任，莫说孩子得救了，即使孩子发生意外，我也没有什么抱怨。"可是为了孩子的一条腿没有完全医好，我们时时感觉到惭愧。

大病以后和身体衰弱的小孩子，在营养上根据医生意见，每月补助一些鸡、猪肝、羊肝、鸡蛋等营养品。事实证明是有效的；一年级男孩张皖中，七岁，新从别的学校转来，身体很不好，常拉肚子，面黄肌瘦，学校就每月给他补充：一只鸡、一付猪肝、三十个鸡蛋。半年以后，就变成一个强壮、活泼、漂亮的小孩。

居住的安全

记得一九四二年在重庆的时候，有一所女子中学礼堂倒下来，死伤几十个学生，另外垮房子伤学生的学校，还不止一处。延安住的土窑洞，每当春季化雪，夏秋阴雨，都很容易垮窑，必须经常检查窑洞，随时把不牢固的窑用木料建起来，把危险的土块预先打去，不保险的窑，就不许住人。同时学校办在山坡上，道路常常要经过悬崖峭壁，小孩子欢喜跑跳、打闹，也很容易跌伤，我们在危险的地方做上木栏杆，并且经常提醒孩子们注意。井上也盖上木板做井盖，不让孩子去玩。窑头上掉土，曾经擦伤一个孩子的头皮，打破一位教员的眼镜，窑垮伤孩子的事情没有发生过。

防狼防水防意外

陕北地方狼多，黎明、黄昏往往可以看到狼在山沟里走来走去，夜里也常常可以听到狼嗥；并且还三五成群的到村子里偷猪偷羊，小孩给狼咬伤，不是什么稀罕事。有一天早晨，太阳已经出来，保育员看到两只狼蹲在娃娃们宿舍的窑顶上。所以早晨不让个别孩子起得太早，黄昏时候，各班集合点名（夕会）；低年级的孩子，在保育人员照料下，拉完屎尿，就进号舍了。夜间小便，各窑有一个尿罐子，不让孩子窑外小便，教员在学生熄灯后，还要把各窑的门户检查一遍，以免发生意外。

延安夏季大雨之后，山水下来，来势很猛，常常把河边的人或过河的人马冲走，在这些时候，就不能让孩子到河边去洗衣或游玩，也不让孩子请假到各处乱跑。一九四五年六月里，两个女娃娃过河到枣园去采桑叶，忽然大水下来了，大家都捏着一把汗，派人到河边去找，幸而在水头下来以前，她们已经采好桑叶回到河这边了。

孩子们常常在家里或亲友那里带来一些零星的步枪、手枪子弹，或没有打过的弹壳。小孩子好奇，欢喜敲打着玩，或无意掉在火里，都容易发生危险。经常提醒教员们注意这一类危险的玩具，向孩子说明利害，叫他们交给学校保存。注意这一类的小事，就可以避免大祸。一九四四年十二月九日上午，一年级级任和另外几位教员，到杨家岭参加"一二·九"纪念会去了，临走没有交代好，张小宝是一个七岁的女娃娃，她和一群娃娃围在火炉边上，手里玩着一个没打过的弹壳，她竟把弹壳放到炭火盆里烧得爆炸起来。烟和炭灰冲得满窑，没有炸伤孩子，自然是一件幸事。这件事情大大的警戒了我们。

学校是一九四一年八月开办的，到现在（四六年三月）已经四年八个月了，在过去四年八个月当中，没有因为疾病或意外而死过一个孩子，我们感觉到安慰，同时教训我们更要对革命对人民负责，小心谨慎的去抚养我们的孩子。

019~029

第四章　生产劳动

4.

生产劳动

思想上的准备和动员

在开始的时候，先在领导上、在教员中间，酝酿"劳动在教育上的重要性"，"对于劳动教育的重视与了解"等基本问题；进一步在孩子中间进行思想动员。我们学生的劳动观点和习惯，本来是很差的，孩子们来自各种不同成份的家庭，现在由公家养育，脱离生产，并受旧社会地主、资产阶级思想影响，不知不觉的，轻视劳动。在初组织生产的时候，孩子们表现得吊儿郎当，不认真工作，讲怪话，不守秩序，嫌脏、怕累；别人生产，他站在旁边开玩笑。有的孩子就常常要求从这一生产组调到别一组，他认为别一组的工作比较容易做。教员教一个孩子纺羊毛，他说："教我弄这么臭的羊毛，真不卫生，将来还会得肺病哩！我就不要赚这几个工钱。"有的的孩子在生产的时候唱着："吊儿郎当，吊儿郎当"的怪调子。有的说："我死也不愿意纺纱，将来我要到外国去学机械工程咧！"一个小男孩，叫他纺毛线，他把毛搞得一团糟，不好好纺，并且向人说："你看我手上也是毛，头上也是毛，脸上也是毛，嘴里也是毛，毛毛毛！恐怕要生个羊毛疗，把我疗死哩！"因此在我们这一类的学校里，组织学生生产，进行劳动教育，阶级教育，就更显得重要了（工农子弟，经常在家参加劳动，教育与劳动结合的办法，和我们这类的学校应有区别）。

专人负责统一领导

根据经验，学生生产活动，最好全校有专人负责，统一领导。生产不要以班级来分组，按照学生的年龄、体力、劳动性质来分组，我们自去年起，在教导科下面，由一位同志主持全校生产工作，把全校学生分成农业组、纺纱组、木工组、缝补组、泥石工组、养蚕组、装订组等，每组聘请一位或两位教员负责指导；由主持的同志和各组的指导教员组成生产指导委员会，各组再由学生选出组长。生产组织也不是一成不变的，譬如：在备荒的时候，就组织大批孩子去浇南瓜、拔野菜；到蚕结茧以后，养蚕组的人就可以分到别组去了；到了秋季，缝补组的人力，就要大大加强；同时成立织毛线组，准备织毛袜过冬。其他如：修路、种树、割草、拾粪、养兔，看实际情况，临时组织人去做。

各组情况

农业组由二十几个十二岁以上体力强壮的男孩子组成，在学校附近开垦了四五亩山地，种谷子、糜子、玉米、洋芋、南瓜等，并参加修路、种树、割草等重劳动。纺纱组由五十个左右十岁到十五岁的孩子组成。多数是女孩子，其中再分成三个小组，各小组里年岁大的纺纱，年岁小的拐线、搓棉卷。有时纺棉花，有时纺羊毛。棉花和羊毛是向边区工业局供销处领的，领原料交还纱，供销处付给工资。木工组由五六个十三岁以上的男孩子组成。他们的工作是修理桌凳、门窗、纺车、镢头等家具或工具，做识字牌、黑板架、球拍、陀螺等用具和玩具。原料多用学校建筑时剩下的零碎木料。缝补组由十几个十二岁以上的女孩子组成。他们的工作是替小同学或工作人员补缝衣服、鞋袜、被褥，做各种针线。泥石工组是由三十几个九岁到十一二岁的孩子组成。他们用石头磨成石板、石珠子、石纽扣、石棋子、石砚，用黏土做火盆、笔筒、笔架、灯台、标本盒、泥人和各种泥制用具和玩具。养蚕组由五六个十二岁以上的孩子组成。蚕季开始时组织起来，蚕季完结时，分入其他各组。装订组由图书馆馆长和四五个干事组成。他们剪贴报纸、装订图书。还有几十个七八岁的娃娃组成轻劳动组。他们做些拾庄稼、拾柴、拾粪、拾骨头、挖野菜、打扫场地等轻便劳动。其他像修路、种树、织毛线等，随时抽人组织起来，成立临时新组。

我们还打算在近水的地方搞一个小菜园，多种果树，把果园搞得像样些，印刷装订作文本、笔记本，养几箱蜜蜂，养一群鸡鸭、兔子、鸽子……因限于时间，还没能一一做起来。

工具设备

在这里，光靠几本书和标本仪器就不行了，工具在设备中就得占着较高的地位。过去一年中，我们用较多的设备费买了十二把镢头、四把镰刀、二十四辆纺车、两把斧头、两把锯子、两把刨子、三个凿子、五把剪刀和针、锥等。这些生产工具，对于孩子的教育，和书本仪器同样重要。有些工具学校无力购买，就向邻近群众或机关学校借用。

适当的时间

在开始的一个时期，我们曾经规定从星期一至星期六，每天下午都有一点钟到一点半钟的经常生产。后来觉得太零碎，就改成每一个星期集中在三个下午生产，每一个下午做两个钟头到三个钟头。因为全校是混合组织的，所以生产时间必须统一，在事实需要的时候，生产时间可以酌量增加。小学校在一般情况下，生产时间在整个生活学习时间内的比重不可过大。工农子弟，在家参加劳动，除教给他们关于劳动的思想、知识或帮助他们组织生产以外，不必在学校里另外组织生产。

劳动纪律和劳动观念

在生产的时候，由各组指导的教员、组长和孩子们讨论出各组的劳动纪律，认真执行，养成孩子们的严肃的劳动态度。例如：纺纱组经过孩子们讨论，订出的公约是："（1）遵守生产时间；（2）服从组长领导；（3）不随便谈笑；（4）爱惜工具和原料；（5）努力提高技术。"在生产中，孩子们的生产成绩和劳动表现，都认真记载下来，作为考查成绩的根据。

在生产劳动中改造孩子们的思想，建立正确劳动观点、阶级观点，是劳动教育的重要方面；在生产活动中，注意把握孩子们思想的具体表现，随时奖励、批评、说服、检讨、总结，以求达到劳动观点、阶级观点的加强。

工具的管理

纺车、锭子、镢头、斧头、剪刀等都放在一定的地方，由专人负责管理；分配工具和临时借用，都要有一定的手续和记载。同时爱护工具，爱惜原料，要作为劳动意识、劳动纪律很重要的一个方面，来提醒大家注意。不注意工具管理的学校，就会像漏斗一样，一面买，一面丢，学校家务永远建设不起来；同时，对于孩子，也是一种不好的影响。一九四四年上半年搞生产，曾做了十几辆纺车，暑假一过，车子坏了，锭子大部分遗失了，是一次很好的教训。

在适当的时候，发动生产竞赛，如纺纱比赛、织袜比赛等，也是提高孩子劳动兴趣的一种方法。

在生产的时候

每当上生产课的时候，各组都在紧张愉快的工作着，生产时的情景在五年级学生欧阳代娜的一篇作文上（题为：我们的生产在活跃着），可以看到一个大概了：

下午第三节课的铃，在叮当、叮当的响着，课堂里的同学，都放下了手上的东西，很快的收拾了桌子上的用具，走向生产的地方；有的从窑洞里搬出了纺车，到组长那里领到了雪白的棉花卷，开始动作了；有的拿了镰刀、绳子，向地里走去，准备秋收；缝补组也在忙着搓麻绳，整理破布、做鞋子。

在田里生产的同学的脸，被太阳映得绯红绯红的，飞舞着在阳光下闪烁的镰刀，努力的割着，只见谷、糜不断的倒下。在窑洞外面的空地上，有许多同学，正在摇着自己的纺车，眼睛不住的注视着一条条的纱，从花卷中抽出，车轮经过几下飞转，纱就缠到锭子上；空地上除去车轮旋转时发出嗡嗡的声音外，别的声音是很少的。每个车轮都不停的转着，空场上只见十几条旋着白光的轮影。在那山坡上的洋芋地里，有许多小同学在拾洋芋，他们是全校最小的同学，但他们也是很积极的用自己的小手，替大家劳动。

下课后，各人把自己成绩交给组长记载下来，课堂又活动起来了，同学们三三两两的谈论着生产的情形，交换着经验，讨论着成绩……

现在我们已经订了生产公约，大家为改正不正确的观点和争取模范而努力。

一年的收获

去年一年（一九四五年），从数目字上看看孩子们在生产中做了些什么：

农业组：收获洋芋二百二十二斤，南瓜四百二十五斤，白菜五十七斤，蔓青一百三十三斤，糜子三斗一升，玉米三斗。

纺纱组：纺棉纱四斤三两，毛纱八斤，共十二斤三两。

缝补组：补袜子二十三双，缝被单三十一床，裤子十六条，衣服八件，蝇拍六十四把，鞋面四双，纳鞋底两双，捻麻线一斤。

泥石工组：磨石珠珠六十五个，石扣子一百五十颗，棋子两付，砚台四个，石板四个，做泥火盆六十二个，标本盒一百〇四个，灯台二十一个，笔筒十个；另外拾洋芋三十多斤。

养蚕组：摘茧二升。

挖野菜组：挖野菜一千二百多斤。

织毛线组：缠线三十四斤，织袜子一百五十四双（织自己的或帮私人织的东西除外）。

木工组：修小凳子腿十七条，修长凳十一条，做新门一扇，做识字牌十七个，装教室门窗八付，修号舍门窗五付，修纺车十五辆，修黑板架三付，装镢头三十七把，修跷跷板一付，修秋千架二次，刷黑板二次，锯了三个号舍的床板，做标本夹一付，做板羽球拍一付。

还有其他修路、种树等零碎工作未计算在内。

生产品和工资的处理

对于生产出来的东西和工资的处理，是值得研究的。例如农业生产和纺线，就可以收到粮食和工资，可是木工组替学校修理门窗桌凳，缝补组替同学补衣服、缝被子，就没有钱可赚；所以在这里，就要注意到收获的粮食和工资的处理问题。因为孩子们由公家养育，私人没有什么经济上的困难，如果谁生产都是谁的，把钱分给他们，让他们去乱花，那样不一定好，而且会引起没有收入的其他组的同学的不满。"孩子生产的东西和工资，直接用在孩子们的身上"，这是一个基本原则。我们去年，经过孩子们的商讨，把各组的收入统一在一起，其中三分之一作为奖金，来奖励生产态度好、工作积极的劳动英雄；三分之二拿来买糖果，大家一起过一个快活的新年。这样的处理，事先经过民主讨论，事后也都满意。

扩大到大社会里去

我们也会带着孩子们去参观光华农场、造纸厂、纺织厂、火柴厂、无线电台以及附近的菜园农庄等；参观他们的生产设备、生产组织、劳动情况，工人农民生活。孩子们实地搞生产，有了些生产经验，过着劳动生活，他们来参观农村、农场、作坊、工厂的生产状况以及工人农民的劳动生活，就比较脱离生产的孩子容易了解。在参观的时候，可以把自己的狭隘经验加以推广，和当前的实际生产事物联系起来。

我们也曾酌量指导孩子们去参加切合劳动群众利益的社会劳动和公共工程，例如：四四年冬，为了配合抗战新形势，抢修延安飞机场，我们的教员曾领导十四五岁的大孩子去参加工作。

小英雄们

经过一年多的生产劳动，到一九四五年底由各组讨论，来总结一年的工作；在一年生产的总结大会上，涌现大批小劳动英雄。这些都是大家认为劳动观点比较正确，在生产的时候，遵守劳动纪律，对生产认真负责，有自动自觉性，成绩优良的同学。

农业组受奖的有吴炳南等四名，纺纱组受奖的有王育英等两名，缝补组有赵云霞一名，木工组有崔荣等两名，泥石工组有黄义先等四名，织袜组有欧阳天娜等七名。这些都是自己觉得很光荣，别人也佩服羡慕的英雄们。在颁奖的大会上，大家热烈的鼓掌，他们心中更充满了高兴，到主席台前去领取奖品和奖状。

除了劳动观点、纪律、习惯的培养以外，在一年的劳动生活中，孩子们也学到了生产知识，提高了生产技术。他们有的学会普通庄稼的种植和生产过程，有的纺纱技术更加熟练了，养蚕组了解了蚕的发育过程以及养蚕和抽丝的方法，其他各组也都取得了知识和经验。

田青写给爸爸的信

四年级十三岁女孩田青，在写给她父亲的信里说：

亲爱的爸爸：

　　还记得我在家里的时候，是多么的没用啊，鞋子、衣服、被子、毛袜、毛衣等都不会做，连袜子破了，都不会补；破了就不要了，没有了就买，自己不动手，光穿现成的。要是一离开妈妈，就不能活了。

　　但是我现在和从前大大不同了，脚上穿的这双鞋，就是我自己做的；冬天，我和妹妹的手套、袜子都是我织的；我不但会做衣服、裤子，并且还会把被子拆洗再缝起来。我们学校比较大的同学，都是自己照管自己，要有独立生活能力。做衣服、裤子，也不依靠人家，因为我们是新民主主义地方，不能靠剥削别人的劳动力过活；我们是要自己动手，才能丰衣足食。

　　你看了我的信，一定很高兴吧！我和妹妹都好，请你放心！

　　祝你

健康！

女儿

田青上

十二月三日

几点经验

在总结一年生产活动的时候，领导生产的教师，总结出几点经验：

第一、在进行生产、实施劳动教育的时候，教员、学生思想上，都要经过酝酿，使有充分的准备，同时，也要准备相当的生产工具，一发动以后，马上就很好的组织起来，进行生产，造成一个热潮。

第二、生产的种类，要看环境，生产条件（工具、原料、指导人员）以及学生的体力、时间来决定。生产的物品，最好选择对于学校生活、学习、文化娱乐有帮助的东西，把生产活动和学校建设配合起来。例如：修好一条凳子，钉好一付门，把坏了的跷跷板装起来，做好泥火盆，让先生同学都有火盆过冬，织毛袜给大家穿，做板羽球拍、陀螺、象棋子、扑克，放到俱乐部里大家玩，这一类的工作，很显著的帮助学校的建设，改善了大家的生活；做起来有目的、有兴趣，而且有意义。

第三、生产工作，要充分把握不妨碍学生健康和学习的原则。随时制止学生劳动过度的偏向，尤其是当生产活动已进入高潮的时候。

第四、要时时把握住教育意义，在生产活动中把握时机，随时提高孩子们对于劳动生产，创造、建设的思想训练，体验到劳动创造一切，劳动者的崇高伟大，剥削阶级的可耻可恨，以及正确的劳动观点、阶级观点、劳动态度、劳动纪律培养。不要只顾追求生产成绩数字，而把主要的教育意义忽视了。

第五、要与全校各方面保持密切的联系，尤其是要取得行政上和总务科的帮助，并与各科教员取得配合，使劳动教育得到各方面的合作和帮助，同时劳动教育的效果，在各方面得到开展和发挥。

第六、各组要有精确详细的全组和个人成绩（生产结果、思想表现、劳动纪律）记载。

第七、及时鼓励发扬好的典型，纠正缺点和偏向，采取个别谈话，当众宣布，在黑板报上表扬或批评。

030~043

第五章　社会活动

5.

社会活动

　　要是把孩子们的精力智慧引导到好的方面去，他们能做出很多有益的事情，孩子们的行为也进步起来。如果放任下去，再加上社会、家庭等方面的不良影响，也会搞得乱七八糟。听老教员谈起，和我一九四四年秋天初到学校时所见到的，有些孩子的表现，曾经是不可爱的哩！

　　一个十三岁强壮的男孩，一巴掌把一个小同学打得鼻子嘴流血；另一个十四岁的男孩和同学张安达打架，用刀子砍破张安达的头；两个十四五岁的大孩子，为了争夺一只鼓槌就凶猛地打起来，连教员也拉不开。打架骂人的事情不但天天有，而且时时刻刻发生；大的欺负小的，男的欺负女的，他们并且有宗派，有小组织，以一个十三岁的男孩为首组成一个小集团，名叫"老百姓"；另外以十四岁的一个女孩子为首也组织一个小集团，名叫"自由夜莺"，经常争闹不休。

　　瞧不起教员，教员批评他们，顽皮的孩子就不理睬、顶嘴、撒赖、吵嚷、讲很粗鲁的话，甚而至于当面骂教员；据说一位女教员挨了孩子们的骂，气得躺在床上哭；一个倔强的十三岁的男孩，当着×校长面，叽咕说："你还是整过风的老干部哩……"；一个孩子骂总务科长说："看你这个豆大的官……"，并且拾起土块追着打总务科长。至于炊事员、运输员、保姆，更加不放在眼上了。学校院墙被爬塌了，井栏边的石头被掏蟋蟀搞垮了，在这种情况下，教员工作情绪就很低，对于孩子发生了憎恶的感情。

　　在老乡们的庄稼地里乱跑，玉米、萝卜、西红柿、西瓜……当人家看不到的时候，就搞来吃，夏天在校门前小河里洗澡，又和老乡们的娃娃打起来了。

学生当中尽多浑厚长进的孩子，可是当他们做一件好事的时候，他们所受到的不是同学们的尊敬赞扬，而是轻蔑和讥讽，歪风占了优势，正风抬不起头来。例如当一个孩子向教员表示恭敬的时候，别人就会嘲笑他，叫他"溜尻子货"，或是给他一个更难听的称号。

组织起来

为了克服这种混乱情况，首先把孩子们组织起来，把他们的精力引导到积极方面去，四四年秋季就开始注意把学生会搞好，到四五年春季学生会的组织就逐渐健全起来。

学生会是孩子们自己的社会组织，通过这种组织来建立起孩子们的生活秩序，推动工作学习，同时群众观点、组织观念、纪律教育也就通过这些组织活动来进行。

我们的学生会，是在教导科领导下由学生组织的一个委员会，委员人数看事业多少而定：除学生会主席以外，有一个图书馆，就设一个图书馆长；有一个俱乐部，就设一个俱乐部主任；有一块黑板报，就设一个黑板报编辑；有一个服务团，就设一个服务团团长；学生要参加伙食管理，就设一个伙食委员；学生要搞生产，就设一个生产委员；总之，有一种工作，就设一个负责工作的委员；这些委员和主席，合起来就是领导学生各种活动的委员会。各部门的工作，看事实需要，再聘请几个干事参加工作。有些部门下面，还有较多的组织；例如俱乐部下面，还有乐队、秧歌队；服务团下面，还有勤务组、调解组、小护士组、小保管组、小先生组等。每级组织学生分会，分会主席就相当于级长。图书馆、俱乐部等各个部门，都聘请一位先生指导。另外一方面，在军事行动的组织上，全体学生就是学生总队，学生会的正副主席，就是正副总队长；每级分为一中队，学生分会主席，就是中队长；每一中队；再分成小队，每小队约十人左右，推举一个小队长（也就是生活学习的小组长）；小队小组就是生活、学习、工作的基本单位。

组织系统如下表：

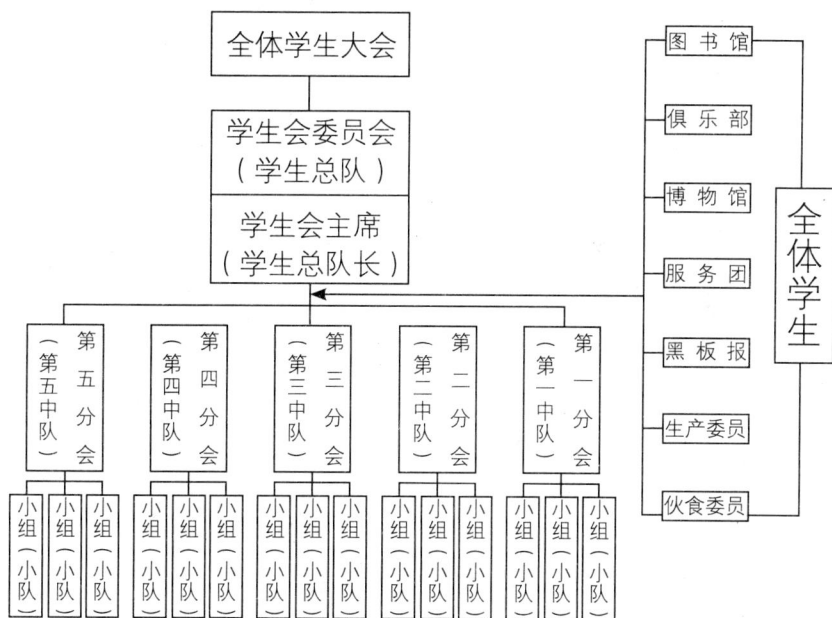

选举

学生会的干部，必须能选出学生中有威信、有能力的积极份子，才能把工作做好。学生会的干部，先生指定固然不好，让学生随便乱选，也往往选不出适当的人来，使工作不能很好的进行。我们学生会的选择，是在教导科领导下，由级任教员作为一种识别人的功课到各级去漫谈、讨论、酝酿，教育孩子，让孩子们研究认识各个人的长处和缺点，考虑提出候选人，然后进行认真的严肃的全校总选举。思想上有了准备，在选举的时候，就可以放手让学生自己正式提出候选人（有时也可以由教导科提出一部分候选人），采取无拘束的不记名投票，选出学生会的办事人来。选举的结果，不一定和教员所想的完全相同，可是大家公认为有能力、有威望的积极份子，大致是会当选的。思想上的准备愈充分，学生的觉悟程度越高，选举的结果也会更好。

一个工作团

学生会实际就是一个工作团，它领导推动全体同学，进行学习活动、生产活动、群众运动。推动同学互相服务，为教职员服务，为事务人员服务，为家庭服务，为学校服务，为劳苦群众服务。经常具体工作有：图书馆、黑板报、小博物馆、俱乐部、秧歌队、乐队、生产工作、卫生工作、伙食管理、服务团、勤务工作、调解工作、小护士、小保管、小先生等实际工作。

几个较大的活动

学生会除领导经常性的学习、生产、群众文艺以外，并把握时机，组织较大规模的学习活动、生产活动、群众运动、文娱活动。每次活动都联系推动各方面功课的学习：

在这一年多我们曾指导孩子们做过：庆祝儿童节、防旱备荒、尊师运动、给五老祝寿、卫生运动、新年秧歌、建设图书馆、建设俱乐部、建设小博物馆、组织秧歌队、组织乐队、开娱乐晚会、准备过冬（织袜、做火盆、缝被褥等）、改造环境（修路、挖垃圾坑、挖水路、种树、种花草等）、提高纪律、捕蝇灭虱、参加延安追悼二十四年来死难烈士大会，和其他各种政治集会，参观旅行等较大的活动。

给五老祝寿

学校里早就打算给几位年长的工作人员祝寿，在双十节前，教员和孩子们就谈论起这件事情，校长在一次早会上，关于祝寿过节的事情，又作了一次讲话；接着学生会就讨论怎样祝寿过节；黑板报就把学生会讨论的结果登载出一篇"号召"来：

苏老汉（宜和），今年已经六十三岁了，是长征过来的，爬过雪山，走过草地，是一个贫苦农民出身的老红军，现在替我们烧菜、煮饭，工作很积极，一年到头不休息。

韩班长（炊事班班长），也快六十啦，身体不好，有时饭做好，还亲自背了送上来给我们吃，他的馍馍蒸得可真漂亮。

张老汉（玉东），贫农出身，参加革命八九年了，现在每天给我们烧开水，工作非常负责，水一定烧开了才叫喝；小同学去打水，他怕烫着，就替打上，对于同学很和气、很亲热，就像爷爷一样。

熊老汉（光礼），四川人，当过船夫，也是参加过长征的老红军，现在是六十岁的人了，整年不怕风吹日晒，在菜园里挑粪浇水，我们每天吃的白菜、萝卜、西红柿、苗子白……都是他用血汗种出来的。

谢奶奶（肇），广东人，儿子女儿都参加了革命，她虽然五十多岁，并不卖老，一直做保育工作，现在每天照顾小同学：吃饭、睡觉、补衣裳、缝被子、钉扣子，夜里还要叫尿炕的娃娃起来尿尿，她爱护小同学，小同学都叫她谢奶奶。

这五位老人，都是参加革命多年的老同志，一年到头为我们辛苦工作，应该给他们做一次寿，表示我们对于革命老人的尊敬；他们也可以快乐，快乐。双十节已经快到了，我们赶快动手筹备吧！

各班同学：我们得想出办法，准备给五位老人送些礼物，礼物要漂亮，要靠自己动手，不花什么钱。

在庆祝会上应该有些应时节目才好，也希望大家努力准备一下。

同学们！咱们来次竞赛吧！看谁的礼物漂亮，看谁的节目好。

孩子们开始闹忙起来了，做纸花、做寿字、绘图画、练秧歌、排戏、练乐器、写对联……决定在双十节替五位老人祝寿，孩子们互相探问：

"剩下几天了，咱们的节目还得加油哩！"

"你们送什么礼物？你做什么花样？"

"看你们班上的礼物还能比我们的好吗？"

一个八岁的孩子向吴先生说："我的花枕头送给谢奶奶好不好？"

"你有几个？"

"我只有一个。"

吴先生笑着说："谢奶奶有枕头，还是你自己留着用吧。"

双十节来了，一清早孩子们就去布置寿堂，把两间平房打扫干净，安排下桌子、凳子，墙上挂上寿联、寿幛，五位老人的画像、百花传寿，孩子们送的纸花、绣球，还有许多图画和祝词，桌子铺着花毡子，放着瓜子、点心、水果、香烟，孩子们都笑嘻嘻来看这花花绿绿的寿堂，欣赏着自己的和别人的字、画和礼物。

刘政娃和王育英是小招待员；寿翁们都穿上新衣，襟上戴着红花走进寿堂，小招待员忙请他们坐下，送上烟、茶，校长、科长、教员也来陪坐。

音乐奏起来，有胡琴、笛子、提琴，是学生和教员合组起来的乐队，一个孩子笑迷迷的敲着节拍。

教员董秀亭同志，用严肃愉快的声调，宣布"开始拜寿"，"校长给五位老人祝寿"，"教导科同志给五位老人祝寿"，"五年级同学给五位老人祝寿"……

在幽扬的音乐声中，全校教职员、学生、工友，一批批行了祝寿礼，空气非常和谐，也非常隆重。

校长、教员、学生代表陪着寿翁叙话，中午一同会餐。

下午举行庆祝大会，会上校长、学生、寿翁都讲了话。

张老汉说："我是个穷人，当过长工、讨过饭，在旧军队里，混过十八年，莫说做寿，谁也没把我当人待。到了八路军以后，才真的过人的生活，八路军、共产党讲道理，为穷人办事，是铁打的，我还不老，决定跟着共产党八路军干到底，还能替革命干几年事情。"

谢奶奶穿上新衣，戴上红花，非常兴奋，也讲了话，还唱一曲广东小调。

老熊平常埋头在菜园里工作最不爱讲话了，今天居然也笑哈哈的，站在大家面前讲了一阵。

接着就是游艺表演，"祝寿大秧歌"、"祝寿去"、"五子拜寿"……——演唱下去，其中最精彩的要算曾艺同志指导的一年级小孩的节目了，他们的表演，是开一个检讨会，大家围坐一圈，一个小孩子在当中站着当主席，大家从尊敬革命老人联系到平日生活，展开了自我批评：

"我在会餐那天，吃得太多，晚上拉在床上，麻烦谢奶奶给我洗，真对不起谢奶奶！"

"我吃馍馍，吃不完就扔了，真对不起种庄稼的人，对不起做馍馍的韩班长。"

"有一天，张老汉招呼我，我装没听见，实在没礼貌！"

"………………"

接下去这群小娃娃就拿出许多红纸包着的礼物，争先恐后的给五位老人送礼，老人们应接不暇，红纸里包的，有的是一个鸡蛋，有的是几块饼干，有的是几颗花生，……孩子们跳跳蹦蹦的嘴里叫着："送给爷爷！""送给奶奶！"几位革命老人笑了，大家也笑了！

到大社会里去学习

在延安，各种展览会是常常举行的，一九四四年十月份的文教展览会，一九四五年一月的边区建设展览会，警备团的生产展览会，以及最近举行的木刻展览会、照片展览会等，其中有许多平时学校里找不到的好教材。我们在展览期间组织孩子们去参观，扩大他们的眼界，使他们得到一次学习，同时指导他们怎样参观展览会。

延安各种有价值的政治集会，我们也酌量组织孩子去参加，目的是在使孩子受到现实的政治教育；去年五月延安举行"二十四年来死难烈士追悼大会"，因为我们学生中间，有好些孩子的父母，都是在土地革命、抗日战争中牺牲的，他们的父母，本身就是烈士，就发动给他们的父亲、母亲、伯伯、姨姨写悼词，因为是他们切身的事情，哀悼他们最亲的人，所以挽词就写得感动人。三年级学生项阿毛，在挽词上写着：

> 亲爱的爸爸：自从你被国民党反动派逼得离开我们以后，我和妈妈姐姐的生活非常困难，每天吃苦菜、吃黑豆过日子，可是反动派还不放松我们，想把我们捉到一齐杀掉。后来好容易才逃到边区。爸爸！不料你终于被国民党反动派用阴谋诡计杀害了，我痛恨国民党反动派，我现在已经十二岁了，我长大了，一定替你报仇！

孩子们的挽词写好了，先在学校里展览给大家看；有些教员、同学看了都禁不住流下泪来，深深的引起了阶级仇恨，这些挽词，大会用绸子衬起挂在追悼会场里显著的地方；看的人也特别多，而且都受到了感动。开会的那天，较大的孩子都去参加，五年级学生黄曼曼代表烈士家属上台讲话；想起了被阶级敌人杀害了的父亲，当场哭不成声，引得大家泪下。这次追悼会的参加，对于孩子是一次印象很深的阶级教育。

当学校工作没上轨道的时候，孩子们曾有在群众庄稼地里乱跑、损害群众利益的事情发生；学校和群众很少往来，和乡政府也没有什么联系。孩子们的群众观点，也很难培养起来。

一九四四年秋季由教员刘少俊同志指导学生到附近村上教妇女识字，受到欢迎；农业组的孩子也到村上替缺少劳力的群众和抗日军人家属挑水扫院子；乡上选举劳动英雄，开大会的那天，教员带着孩子们去参加祝贺；新年到了，教员领着学生到附近村上替老乡们拜年。正月初五学校给附近老乡们送了大红请帖，请他们到学校里吃春酒，老乡们也回请我们；四五年春天植树：我们便和乡政府合作，把附近大路边的树种起来；秋天边区改选各级参议会，选举以前孩子们排了"选好人"等秧歌剧帮助宣传动员；选举会会场上，教员东方同志画了画，王成钦同志帮忙布置，在选举前的检讨会上，学校代表、乡干部和群众，都检讨了彼此过去的缺点和联系不够的地方，决定以后在工作上互相帮助。我们正着手从指导孩子们切切实实为劳苦群众服务来教育我们的孩子，今后在这一方面要多多努力。

增进了友谊

赵云霞是一个年长失学的女孩子，人又迟钝一些，同班的孩子都有点瞧不起她，尤其是同班的男孩子彭东明，常常嫌她笨，讥讽她；她常感受到精神上的压迫。可是，有一次彭东明洗被子不会缝，赵云霞是缝补组的组员，就帮助他缝被子；到吃晚饭的时候，她还在缝，彭东明有些过意不去，就叫她来吃饭，她说："缝好了再吃。"彭东明就马上很友谊的自动给她留菜留饭。经过这一类互助活动以后，孩子们也就改变了对赵云霞的态度，赵云霞自己也很心安意得。

小男孩涂林芳，在他的作文上写着："我到抗小已经一年多了，在我刚到抗小的时候，给我一个很深刻的印象，就是有一个二年级的同学，他看见我搬不动行李，就很快的跑过来，帮我搬。当时我不知道怎样感谢他才好！"

他们帮助教职员搬行李、整理房间，做些零碎事情。也到伙房里去帮助洗菜、切肉、洗案板，或是帮助炊事员、运输员，洗衣服、缝被子、织毛袜；这些同志都是穷苦农民出身，多数是退伍下来的老红军、老八路，指导孩子为他们服务是完全必要的。被帮助的人固然很高兴，为人服务的孩子们，心里也有说不出的欢喜。

护士组的小护士，当同学教职员或事务人员生病的时候，他们给拿药，送水，送饭，很热心的去看护病人，一个生病的孩子或工作人员，受到别人这样照料，不用说是会很感激的。常常因为病时的帮助，而使得彼此之间发生深厚的友谊。

帮助爸爸妈妈做事情

在过去，有些孩子回到家里就撒娇、撒懒，什么也不肯动手，在生活上要爸爸妈妈给他当勤务员，有不如意地方，还要发脾气。我们就从发扬服务精神上来克服这种毛病，教导孩子回到家里，和在学校里一样，勤勤恳恳的自己料理自己生活，并且帮助家里扫地、抹桌，照看弟妹等——做些家里需要帮助，而他们能够帮助的事情。

黄曼曼是一个父亲早死的遗腹孤女（情况前面已谈过），她回到家里，并不娇懒，在她的一篇日记里，这样的写着：

十月七日　　星期日　　雨

天亮了，毛毛雨还是不停的下着，我从温暖的被子里爬出来，妈妈叫我去拾"烂炭"（烧过的石炭渣里的剩炭），我戴着妈妈的草帽，拿着筐子，到伙房外边去拾。不久就拾了一筐子回去了。这时雨已经停了，妈妈又叫我去打饭，我从高山上走下来，很快的走到了饭堂，拿着饭和菜走到半山，碰到一个人，胖胖的身体，红红的脸，他笑着问："曼曼！你是给谁打饭？"我说："给我妈妈打的。"他说："你就像你妈妈的小勤务。"

活动的指导

学生会的经常工作，如图书馆、俱乐部、黑板报、博物馆等，都聘请一位教员做顾问，负专门指导的责任。这些教员们，以教导科长为首，经常会商对于孩子的活动指导，许多临时性的、规模较大的活动，就由教员中推定（或由教导科聘请）几位教员，负指导的责任；注意使孩子们在活动中能受到教育，并及时纠正偏向，帮助解决困难，但并不代替学生会的领导。

在孩子们进行一种社会活动或生产活动的时候，教员中间事先也要经过讨论和商量，取得统一的认识和计划，然后各科的教学对于儿童的训导，生活指导，都和这个活动相配合。所谓配合，一种是积极的把教学与当时的实际活动联成一起；另一种是使自己所教的课程或工作避免和共同的或别人所指导的活动相抵触。至于随时鼓励孩子们的情绪，纠正孩子们的错误思想和行动，更是每个教员所要注意的。

在工作中受着教养

通过这些实际工作，使他们认识到同学与同学的关系，学生与教员的关系，学生与学校的关系，学生与家庭的关系，学生与工农群众的关系——认识到应当为谁服务，应当和谁斗争。通过这些为群众服务的工作，培养学生全心全意为劳动人民服务的群众观点，阶级观点。同时，每一件工作，每一个活动都需要有组织、有秩序的进行；在集体行动中，又进行了组织教育和纪律教育。

每一次社会活动，都有组织、有领导、有计划、有检查、有讨论、有总结、有会议生活、有互助、有斗争，有批评和自我批评、有领导和被领导，在这些活动中，也就给孩子们一些今后在革命工作里所应该具有的知识、能力和品格的锻炼。

044~051

第六章　游戏

6.

游戏

孩子们自己的游戏

孩子们有他们自己的游戏。在没有组织文娱活动以前，我们的孩子就在玩着自己的游戏：

操场上，山坡上，一个孩子对另一个孩子，一群孩子对另一群孩子在打闹追逃，大声地笑着叫着，粗鲁地骂着，嘻嘻哈哈打做一团，追来追去；男孩子大多欢喜平剧，有时就摆起平剧架子，拿木棍当刀枪对战起来；有时也用土块当子弹，表演八路军打日本。可是这种游戏常常是以喜剧开始，以悲剧结束，有的孩子在游戏中被打哭了，或是受了伤。

打瓦也是孩子们爱玩的游戏，花样很多，技巧也大有高下。可是一不小心，一块瓦扔出去就会打伤一个孩子的头。打瓦玩够了，就扳起一条腿来碰拐拐，用一条腿跳来跳去地碰着，好像两只相斗的公鸡。跳房子比较文雅一些，男孩和女孩在地上划了格子、跳来跳去、玩到忘记疲倦。踢毽子是冬季常玩的游戏。

春风吹来了，有的孩子就忙着糊风筝。到鸟儿孵雏的时候，顽皮的男孩子，又会爬到土壁上，钻到草丛里，去掏麻雀，或是找山鸡蛋；他们在一个纸盒里放些棉花，养着黄口小雀。但是雀儿的寿命是不会很长久的。在山坡上，在野草地里，手里提着一件脱下的衣服，去追捕一只红翅蚂蚱或是一只黄色的蝴蝶，这往往是年岁比较小的孩子；他们对于叫哥哥和知了，比对于蚂蚱和蝴蝶更感兴趣。到了秋天，他们又在田野里，墙根下搜寻着蟋蟀。摘野花，女孩子比男孩子更喜欢，学校附近山上有野蔷薇，也有紫丁香。男孩子常到山上去挖甘草、打木瓜、采酸枣、摘野杏，这样他们有玩的、也有吃的。

河边是孩子们的好游戏场，男孩子和女孩子脱了鞋在水里捉小鱼儿，或是找美丽的石子。夏天游泳，冬天滑冰，更是孩子们的乐事。

拿着一大把杏核散放在地上弹来弹去，或是"拾子"，都是女孩子的游戏。七八岁的小娃娃，就在草里寻找蜗牛壳，每个人都找了许多，两个孩子各人捏着一个，用力一抵，抵破了就算输；输了，换一个硬实的再来比，这种玩法名叫"碰牛牛"。挖小土窑窑，用湿泥做成各种玩意儿，也是年岁小的孩子玩不厌的游戏。

这些游戏都是我们孩子自发自动的游戏，虽然有些是原始的、粗野的，却是孩子们自己的东西。

除了打架骂人以及带危险性的游戏以外，一切孩子们自己的游戏都被允许。同时给他们规定下玩的时间、地点，把办法也改得合理一些，像打瓦、踢毽、跳房子、弹珠子……就在课余时间，指定一块空地让他们去玩。打瓦的时候规定不许在目标方面走来走去，既没什么危险，也不会扰乱秩序。"怎样组织发展孩子们自己的游戏"？是一个值得进一步做深入研究的问题。

增加新的玩意

除掉孩子们自己原有的游戏以外，我们又增加了些玩的东西，成立了一个小小的俱乐部。操场上有秋千、双杠、跷板，俱乐部里有扑克、象棋、军棋、弹棋、胡琴、笛子、刀、枪、锣鼓、七巧板、绳子、板羽球、小车、小皮球、铁环……玩的东西多起来，孩子们的游戏生活也就更丰富，更快乐。

每天下午，功课完毕了，俱乐部开了门，孩子们拥进去，借出了扑克、象棋、胡琴、笛子、皮球、铁环、绳子、小车……，室内、室外、山上、山下，到处充满了笑声，从四年级学生张家良的一篇作文里可以看到他们在下课后所感觉到的快乐：

下课后

你听"当啷、当啷"的铃声响了，下课了，你看操场上飞舞着的白的、黑的鸡毛毽子，同学三五成群的在一起："三人一家、大拇头、猜猜猜。"他们在比赛踢毽子。他们在踢着、跳着，看！毽子踢得多么高呀！啊！又过来一群人，他们推推抢抢的在干什么呢？原来在踢皮球，他们在抢球呢。

另外有几个同学在那数着："一、二、三、四、五，……"他们在跳绳，他们跳着大绳、小绳、挽着花，还有的大绳带小绳的跳着、数着。还有的同学在场上跑着，手里拿着铁环推推滚滚真是好玩。有的歌唱，有的在说笑话，有的在织毛袜，有的拉二胡。整个操场充满了热闹、活泼、快乐的气氛。

秧歌

俱乐部成立以后，就在俱乐部下面组织自己的秧歌队和乐队，开始的时候，他们对于唱歌、扭秧歌、搞乐器没有兴趣；经过组织几次规模较大的晚会演出以后，表演技术一次比一次强，兴趣也一次比一次高。孩子们在七八个月中间，培养起自己的锣鼓手、胡琴手、小演员、小剧作者和剧务工作人员，孩子们学着拿他们自己的生活做题

材，写了十几个剧本，其中"友爱"、"浇南瓜"、"小博物馆"等
剧，都在校内或校外演过，他们演自己编的剧本，效果比演其他剧
本来得好，因为故事、情节、语言都是他们所熟悉的。儿童节、教师
节、双十节、十月革命节都有秧歌活动。到了一九四六年的新年，经
过较为充分的准备，排了五个节目，到延安市和附近乡村表演。在秧
歌活动期间，孩子们穿上红红绿绿的衣裳，唱着、扭着，从心里笑到
脸上，他们的快乐是难以形容的。这不仅是一种游戏，使孩子们得到
快乐，而且是一种有政治意义的社会活动，教育了群众，更教育了孩
子们自己，就是指导秧歌活动的教员们也取得了经验。从教员吴洛同
志写的"孩子们的秧歌"一文中（见一九四六年四月二十五日《解放
日报》），可以了解一个大概：

孩子们的秧歌

今年春节的时候，八路军抗属子弟学校也组织了秧歌队，在
本市各处演出。

孩子们的秧歌，不但在群众中得到它应有的收获，同时也教
育了孩子们自己，这种教育不是书本上的死板的符号与概念，相
反的它是最实际的教育；正因为这样，它使孩子们的求知欲与兴
趣提高，而孩子们的秧歌活动，便不仅是单纯的娱乐活动，而且
是孩子们在上着自己的秧歌课。

孩子们的秧歌课是一种体育课，舞蹈是秧歌里最重要的元素
之一，是劳动人民在生活中，在劳动时的动作的规律化的表现，所
以它的形式是最丰富、最活泼、最自由的，孩子们演起秧歌来，又
跑、又跳、又舞，这样对于孩子们的健康、智慧教育是很适当的，

它要比在操场上所上的体育课，要活泼得多、丰富得多。

秧歌课又是一种社会常识课。因为孩子们从他们演的戏里面和社会相接触了，这样，孩子们从戏里面能够学习工农兵的语言，了解工农兵的生活，并且学着工农兵在劳动中各种变化的姿态，同时这样歌颂人民自己（孩子们也在内）的主题，也必然的增加了、丰富了孩子们的创造性和想像力。一个孩子在墙报上这样写着："刘二这个角色演得很好，他回到自己的家里，取出了他的旱烟袋装烟，他的行动仿佛就是乡间的一个农人。"（四年一赵景斌）

秧歌课就是国语课。中国的语文谁都知道是难学而又难教的，我们也可以利用秧歌活动来帮助国语课，因为秧歌里有唱的、有道白的、有朗诵的、有演讲的，这样所学与所用联系起来了；孩子们不但了解字义，同时对字、句、段的高低的发音与情调，也能掌握了。另一方面，孩子们也学得各种文字描写的方法，象征的、写实的、夸大的，都很自然的印在他们的小脑袋里；同时又丰富了他们各种新的语汇，他们用这些新的语汇来充实他们的生活，表达他们的思想与情感，三年一的学生吴铁梅批评一个功课坏的同学说：他还不是"外甥打灯笼"，照旧不用功吗！这语汇就是从秧歌剧中学来的。

秧歌课，改变了孩子们的生活，发展了孩子们的个性，发现了有才能的孩子和发展了孩子们才能；三年一的林从吉，平时是一出教室就是京戏架子，没有集体观念的顽皮孩子，然而在这次秧歌活动中却积极的向别人提出意见和批评："演戏不能笑，应该像真的一样，大家都应该遵守这个纪律。"还有些孩子在过去爱打架、爱骂人、爱损坏东西，而现在呢？到处都充满了他们的歌声，操场上在排着舞蹈。从这里可以看到这新的一代是能干的！

在秧歌课的过程中，孩子们的互助精神也得到了发扬。四年二的李溶的一篇文章"好姐姐"上面写道：张家良同学好像我们一位大姐姐，二十九号晚上，已经熄灯好久了，外面黑漆漆的，我们号舍演员已经睡了，但是渴得很；忽然她提了一壶开水来了，一碗碗的分给我们喝；她走了以后，我们就议论着她对我们的关心，我们感谢她。……秧歌队出发了，她总是跟在我们的后面，提着一壶开水，恐怕我们渴了，喉咙哑了。我们晚上排戏，天气那样冷，她却在办公室里等着我们演员把服装交给她，她把我们的服装叠得整整齐齐的一点也不乱，……平时，她总是提着开水壶走上走下的。……这我只是写了她工作的一部分。

除此以外，在秧歌总结会上，有的说："我学会了扭秧歌。"有的说："我学会了化妆。"有的说："我学会了保管服装。"有的说："我学会演戏啦。"有的说："我学会了十几个歌，词也都会背啦。"有的说："我学会打鼓啦。"有的说："我学会拉胡胡啦。"有的说："我演了一个老汉，不知胡子是怎样？我在市场上看了很多老汉的胡子。"有的说："我演过戏以后，好像是在什么地方住过一次一样的……"

然而孩子们并不因为有些成绩而满足，三年一孟雅在墙报上这样写着："不要骄傲，一个好演员不等于一个好学生，希望每个人不但是一个好演员，而且还是一个好学生。"四年二朱忠洪也写着："秧歌虽然扭得好，但是缺点免不了，大家千万莫骄傲，下次秧歌会更好！"在今年选举学生会，一个同学当选了，但是她感到自己有些缺点不愿干，马上就有同学用"选好人"上面的台词鼓励她了："工作中要改好你，锻炼你，批评你。"

我们孩子们的春节秧歌课，与过去旧的"葡萄仙子"、"月明之夜"、"小小画家"等的儿童歌剧是完全不同的，新的儿童秧歌剧，是和生产劳动，革命斗争相结合的建设新中国的新的儿童歌剧，这点是值得我们今后多注意研究，我们应该多多的留意儿童们生活，收集他们的材料和他们自己的语汇，去创作更多的新儿童歌剧及儿童们的舞蹈。因为像："夫妻识字"等一类的秧歌剧，孩子们演起来是不适合的，另外还可以发动与指导孩子们自己来创作。这样，可以使孩子们的秧歌课在现有基础上更加提高一步。

还有许多好游戏

四六年春天学校里才开始有篮球设备，年岁较大的男孩子玩得最有兴趣。有时候也跻跻跄跄的踢小橡皮球。孩子们对于球类游戏是欢喜的。因限于经济力量，除去篮球以外，其他设备都没搞起来。

打拳、舞剑、劈刀、刺枪等国术，孩子们爱玩，对于锻炼身体也有益处。军事上的木马、平台、爬墙、跳沟、投弹……也都可以让孩子有玩的机会。这些在过去一年多都没有办到。西洋体育游戏，中国的国术，军事性的运动游戏，其中有不少好东西，值得进一步的研究改造和发展，为游戏活动增加内容，使孩子们得到多方面的教育和锻炼。

052~068

第七章　建设和创造

7.

建设和创造

从架长到馆长

一九四四年底，学校里只有一书架破破烂烂的书，多半是些教科书和马列主义理论书，可以给孩子读的书不过一二十本；听说过去也曾买过不少孩子们读的书，但是一面买，一面掉，孩子们永远缺少读的东西。一九四五年开始，就决定建设一个图书馆，先把这一架破破烂烂的书整理起来。我给学生讲话的时候说："我们学校穷得很，只有一架烂书，不能成立图书馆，只能聘请一位架长，还请不起馆长。"孩子们都笑了。后来就由学生欧阳天娜、彭淑明等把这些旧书整理好，由教员彭迪同志指导，腾一个窑洞，再向中组部捐到一百多本儿童读物，学生项苏云等也捐助一些书，学校又拿些钱买一部分，就把一个小小的图书馆成立起来了。四五年春季学生会改选，就把图书馆交给学生会管理；仍由彭迪同志指导，同学贾光组被选为馆长，聘请了彭淑明、张铁铮、徐振杰、白范梅为馆员，他们把破书整理、贴补、装订起来，新书也用马兰纸和废纸糊裱成封面，包装起来；一本一本都编上号码，分类登记，订出借书阅览规则、图书目录、借书登记册等。馆里安排下桌凳，壁上挂上地图、标语；门口挂上牌牌，一个粗具规模的小图书馆，在孩子们的努力下建设起来了。

管理图书馆的孩子，不再参加其他生产劳动，在生产时间，他们就到图书馆里把快要破的书，该装订的装订，该换封面纸的换封面纸，该贴补的贴补；买来的新书，先把封面包好再登记、分类编号，使新书不容易破旧；将要破的书，也得到保全。

造书

在生产的时间，图书馆的孩子，除整理图书以外，主要的工作，就是把解放日报、新华日报、群众报上面的科学常识、政治常识、儿童故事、小说、诗歌、剧本、歌曲、图画等，在教员指导下，剪将下来。再根据文章的性质，分类贴在裁成一样大小的纸上，装订成一本一本的小册子；这样，只要花几张旧报纸，一点浆糊和白纸，经过孩子们的制作，就做出一本一本的书，这些书花钱既少，孩子们又爱看，而且即使花钱也买不到这些书。在一九四五年一年，就剪贴了四百二十二篇文章，装订成孩子们心爱的读物，小小的图书馆和孩子们的小头脑都因此而更加充实起来。

图书管理

管理方法，也根据实际情形，自己搞出一套图书分类方法，不像普通图书馆分得那样的复杂，大体上根据学校的课程，分成文艺、史地、自然、音乐、戏剧等类，登记在一本总的册子上；另外再把各类的图书编成号码，把号码和书名都登记在册子上，架上的图书，依照号码次序排列，借书的时候，先在图书目录册子上查出书名和号码，向馆员借书，馆员按照号码到书架上把书找到，在借书登记簿上记下借书人姓名，注上书的类别和号码，就可以把书交给借书人；看完以后，交还给馆员，馆员把借书登记册上注上一个"还"字，把书放在架上原处，从借书到还书，手续就是这样简单。

孩子们看书一律在阅览室里，原则上图书一律不借出馆外（教职员平时可以借出两本书，一星期内归还），阅览室不大，只能容纳二十几个孩子看书，就把各班阅读和自修编排在不同的时间，免得拥挤；这样看书并没有什么不便，图书的管理、避免遗失，都容易做得周到。当爱惜书的习惯还没有培养起来的时候，小孩子借书放在自己身边，往往不十分爱惜，教员也没有许多时间来经常指导叮嘱，损失图书也便难免。就不如设立一个较大的阅览室，让孩子们按时进馆看书，随借随还较为适合；在书籍不多的图书馆里，这样做法，图书的周转也比较灵通。这也只是图书管理办法的一种，随着孩子们爱护书的自觉性提高，也可以规定出借出办法，灵活应用。总之要照顾到看书便利和图书不损失两个方面。

在整理旧书、剪报、捐募、购置、注意保管等方面的努力之下，经过一年，我们已有了一个拥有一千一百三十册书籍的小图书馆了。而且今后还会不断的增加。

黑板报

黑板报架子做好了，学生会就推举欧阳天娜做主编；又聘请了王悦、郝小玲、杨寄萍、康国雄做编辑，组织起他们的报纸编辑部。开始的时候他们怕难，黑板上的字写得又大又难看，就请教员替他们写，因而受了批评。以后他们就用心把字写得端正，并且想出办法，把他们的报装潢得好看，他们用颜料把粉笔染成红色、黄色、蓝色、绿色、紫色，每期都画一个新鲜的报头，又征求同学们的意见，给他们的刊物取了名字，每期出来，都是红红绿绿、花花草草，很合乎小读者的口胃。

成立俱乐部的时候，黑板报上就号召同学做玩具；防旱备荒的时候，就表扬节约模范；教师节前后，尊师专号和同学们见面了……。一期一期的反映着他们的学习、生活、工作、劳动……小编辑们是负责的，为了不使他们的刊物脱期，常常在黄昏时候，还看到他们站在黑板报跟前工作哩！

大家做大家玩

在"大家做，大家玩"的号召下，一九四五年三月起由韩作黎同志指导几个学生会的俱乐部主任和干事。动员同学来建设俱乐部，有的用废纸糊裱成扑克，有的用石头磨成棋子，有的用木头削成陀螺，还做了飞机、大砍刀、红缨枪、霸王鞭、二胡；在鲁迅文艺学院的张望和许群两位同志帮助之下，又利用碎木板做成轮船、汽车、脚踏车、奔马、狮子、七巧板、六面图、智慧测验板、假面具、手枪、步枪等三十多种玩具；向外面又捐到一套锣鼓；自己也花些钱买上几把好二胡、笛子，做上两把手推小车、双杠、跷板、把旧秋千也修理好。儿童节那天，小小的俱乐部就成立起来。孩子们向着一个目标进行建设的时候，是不怕艰难，热心而努力的。一个孩子的日记上写着：

晚饭后到河边磨石棋子　　　王悦

有一天韩先生对我们说："有一种棋很好玩（他在黑板上画棋盘的形式），我们用各种颜色的石头磨成棋子，有二十个就够了。吃过晚饭就到河边去磨好不好（他征求大家的意见）？"同学们好多都很愿意去，于是晚饭后就去了。

河水流得哗啦啦的响，同学们和韩先生沿着河边蹲成一行，开始磨起棋子来。那边说："韩先生！我看你磨的？"那边说："看看我的！看看我的！"

只见一个个都磨得圆圆的，光光的，很好看。我自己心里想：等着玩现成的太不好，就赶快加油磨一阵。月亮把水照亮了一片，这时我已经磨完成了一个；大家合起来一起磨成了十个，韩先生拿着这些美丽的棋子，就很高兴的领着我们回校了。

俱乐部也是由孩子们自己管理，到开放时间，俱乐部干事就来开门，孩子们要借玩具，先在借玩具簿子上登记好什么人借了什么东西，玩过以后仍旧还给俱乐部干事，把账销了。这一点简单手续，使孩子们有了责任心，就很少把玩具弄坏，或失掉。当玩具坏了的时候，俱乐部主任和干事就动手修理，不会修理的就请木工室的同学或教员帮忙。

玩里也有创造

灯影戏是孩子们一个自发的小创造，晚上他们用清油灯、纸剪的人物，在被单子上、墙上演起来。这个小创造在五年级学生代娜的作文上写得很清楚：

我们的小创造——灯影

晚上，银盆似的月亮在平静的天空高悬着，白光照到山头上、地面上，照到正在玩着的我们。忽然一个同学跑来喊道："你们快去看灯影，我们自制的灯影，到我们号舍里去。"跟着同学们都一齐向那边跑。

到了三年二的号舍，大家都带着好奇心，一起挤到床边，她们把一块白布挂起，后面放一盏灯，用纸剪好的样谱，拿起来在布后动来动去。这样我们看去，在白布上就现出许多个好玩的"鹅"、"花"、"地主"、"资本家"……的影子跳来跳去，非常好玩。同学们都争先恐后的往床边挤，后来就简直站到床上，为了是一件稀奇事，我们完全忘了自己的脚是穿了鞋踏在人家的褥子上了。

女生看完了，我们又跟着挤到男生号舍去，经我们的恳求后，他们允许我们和男同学一起看另外一套，三年二的同学又把他们的创作表演出来：一会儿墙壁上现出了一块几方寸大的光圈，跟着光圈影里出了图画，是新闻片的形式，不过是不会动的，只是一片一片场面，慢慢移过去，旁边也有人说明，大家在看着，直到光影中现出"完"字的时候，大家才开始谈论。

这个小玩意，我们叫做"灯影"，这是我们同学的一个小发明，是用电影的原理，在困难的条件下，利用清油灯的光，经过镜子反射出来。片子是自己画出来的，光线虽然不强，画片画得不好，但是这是我们同学自己在困难中做出来的。

现在五年级的同学也开始编了一些有内容的连环故事，又把这个创作更推进了一步。我们现在已经创作了一些东西，开始编歌儿，集体作剧本，大家都高兴的在忙着。

种子展览会

一九四四年秋天发动孩子们采集种子；除在学校附近搜集以外，星期天他们回家或探访亲友也告诉他们随时随地搜集；有些教员也参加这个活动。在一个多月中，就搜集了一百二十几种粮食种、果木种、菜种、花种，二年级女孩子张海云，一个人就搜集了二十四种。在十二月二日，教员指导学生布置一个小小的展览会，种子陈列在办公室里：有红的、白的、黄的、青的、紫的、黑的、花的、圆的、椭圆、心脏形的、肾脏形的、有毛的、带刺的……各种美丽的颜色和玲珑的样式。每种种子下面虽然都有着标签，但上面除编上号码以外，种子的名称、用途、栽培方法等，都没有填写起来；在开放以前，先和各级级任联系，告诉学生来参观的时候，要带着簿子，把自己所认识的第几号种子、名称、用途、栽培方法记在自己簿子上，认识几种就写几种。参观以后，把簿子交给级任教员考查，看谁认识的种子多。大家参观完了以后，再由教员和展览会的负责同学把标签的空白全部填好，重新展览几天再让学生去看；和孩子们自己所认识的对照一下，使他们得到较深刻较正确的认识。开完展览会以后，每种都留下一份作为种子标本，保存起来，其余的留到第二年春天播种。

再建设一个小博物馆

种子展览会引起孩子们研究自然的兴趣。因此我们觉得除了图书馆、俱乐部以外，还需要建设一个小小的博物馆，便利孩子们对于科学的学习。从种子展览会以后，小博物馆的建设就在教员和孩子们中间酝酿了。上半年忙于建设图书馆、俱乐部，为了顾到孩子们的时间、精力和各方面的学习，事情不能搞得过多，所以一直延迟到一九四五年十月在教员屠忠顺同志指导之下筹备起来，学生会下面又添了个博物馆长和几个干事专门负责。各项建设尽量自己动手解决，泥工组的孩子用黄泥做了一百多个标本盒子。有圆的、有方的、有菱形的，有梅花形的，有三角或五角星形的，晒干刮光以后上面糊上纸，画上图案图，不用花什么钱，在困难条件下用孩子们的智慧和劳力，创造很实用很好看的标本盒子；我们觉得它比瓷的、玻璃的更有价值，更有意义。

　　孩子们和教员们也捐出来废纸、罐子、瓶子、瓷钵、纸张、颜料、石膏像、历代钱币、枪弹、画片、野鸡毛、灵芝样的大干菌……，孩子们又去搜集了许多植物制成标本，种子依照种类陈列在标本盒子里，蛇的标本用烧酒泡起来，木材标本，染色材料标本也搜集到了。各类种子传播方法的标本陈列在另外一个地方；药材标本是孩子们从山上挖回来的，榨油原料标本是孩子们从老乡那里搜集来的；他们参观纸厂，就带回来从马兰草到马兰纸的造纸过程的标本。另外孩子又费了许多心思把"蚕吐丝"、"蜂酿蜜"、"从种棉到制成衣服"、"从种麦子到做成馍馍"等过程，都制成标本，照着次序排列起来，庄稼标本比较容易收集，狼尾谷、马齿玉米、都有了……经过两个月工夫，在门上挂着"小博物馆"牌牌的窑洞里，墙上满挂着自然挂图，两列长桌子上陈列着标本，一所小小博物馆，就按照计划，初步建设起来；以后再不断的增加新的东西，那就会更加充实了。

团结民主幸福的路

　　学校办在山坡上，寝室、课堂、伙房都隔着一段路；天晴路还好走，下雨天泥泞得很，教员、孩子一不小心，就跌得像个泥人。每年春天雨季以前，孩子们在生产时间，就要大家动手把校内几条主要道路挖宽、铺平、垫上台阶、铺上煤渣，在工作的时候，孩子们挖的挖、抬的抬，唱着、做着，一班累了又换上一班。经过几个下午的劳动就把几条高低不平的道路，修得又宽又平，垫上煤渣，变得又漂亮又好走。工作的时候，既严肃，又快乐，充满劳动建设的感情。教育厅编审科刘御同志到学校研究课本编写；他在旁边看到修路的场面，就把当时的情景，写成几首"修路歌"；由教员吴季之同志谱上曲子，配上动作，在儿童节晚会上表演出来，成为一个很动人的节目。从"修路歌"里反映出孩子们修路时的情况：

B 調　（一）　修路歌　　　劉御詞　吳季之曲

（二）刬路挖路對唱

A ＝挖路的
B ＝刬路的

(A)

```
5·3  2 3 2 | 3·2  3 | 1 1 6 | 5·5 6 | 1·6 | 5·5 | 0
```

我 們 這些 大 個 子 分配 工作 把 路 挖
我 們 挖來 你 們 刬 努力 刬來 加 油 挖

```
5·3  2 3 2 1 | 6·5  6 | 5·6  1 2 | 3 5 3 2 | 1·1 | 0
```

我 們的個子 也 不 小 工作 任務 刬煤 渣
煤 渣 刬去 (6 1 6 5 6)陰 天 下 雨 路 不 滑

把 路 墊

```
3 3 2  1·2 | 3·2  3 | 5 3 2  1·2 | 3  3 | 2·2 | 0
```

高處 那挖 平 低 處 墊 窄的 那地 方 挖 寬 它
人多 那手 多 搞 得 快 人不 那疲 乏 熱 鬧 的 多

（三）运输队合唱
——第一曲同——

我们是个运输队

队伍沿路排成行

手儿忙来眼儿笑

好比河水滚波浪

波浪推着船儿走

一盆煤渣运呀运上山

别瞧我们年纪小

组织起来力量大力量大

（四）什麼路

一、（問）：

$3\ 5\ 6\ |\ 5\quad 5\ |\ \dot1\ \dot1\ 6\ |\ \dot1\ |$

我問你 這 是 什麼 路

（答）：

$\dot1\ \dot1\ 6\ |\ 5\quad 5\ |\ 6\ 5\ 3\ 2\ |\ 1\ |$

團結呀民 主 幸福的 路

（問）：

$3\ 5\ 6\ |\ 5\quad 5\ |\ \dot1\ \dot1\ 6\ |\ \dot1\ |$

爲什麼 說 是 團結 路

（答）：

$\dot1\ \dot1\ 6\ |\ 5\quad 3\ |\ \underline{5\quad 6}\ |\ 1\ |$

團結那 起 · 來 修 的 路

二、（问）：为什么说是民主的路

（答）：为什么众人来服务

（问）：为什么说（是）幸福的路

（答）：走在那上面多舒服

（五）完工（调同第一曲）

我们的号舍在山上

伙房课堂在山下

阴天下雨路难走

吃饭上课多麻达

今天把路修好了

大大小小都呀么都高兴

自己动手样样有

什么困难都不怕都不怕

种树

一九四四年夏季，发动孩子们捡了一大堆桃核、杏核，到了秋天由农业组的孩子们在校内的阳坡地种下去；第二年春天，大部分生出来。一九四五年春天，又向光华农场要了四十棵花红树苗也栽在一起。现在桃树、花红树都已长成三四尺高的小树；只要好好保护，孩子们手里培植的小小果园，在两三年后，就可以开花结实，吃到自己种出来的果子。学校里年年都种上一批树木，指导孩子们注意保护培养，几年之后，黄土山坡就会变成生气勃勃的树林。

只要动手不怕寒冬

冬天快到了，泥工组的孩子们用黄泥和毛发，做成几十个各式各样很结实又光滑的泥火盆。天气一冷，每一个寝室、教室、图书馆、俱乐部、办公室、教职员房里，都送上一个；烧上木炭，来抵御北方冬天的严寒。

被服局发下一些布匹、棉花，给孩子们补充被褥过冬；缝补组的工作就紧忙起来，把布裁好、缝好、棉花铺好、做好，给同学们换上暖和的被子、褥子。

没有毛袜，孩子们的脚在冬季是会冻坏的，可是我们领到的不是织好的毛袜，却是三四十斤散乱的毛纱；这又给孩子们一个用自己力量克服困难解决问题的机会。大大小小六十几个孩子组成的三个织袜组工作起来；小的理线、缠线，大的编织，利用课余时间工作；经过动员以后，孩子们就到处借打毛袜的竹针，大家比赛着看谁织得多，织得好。一有空余时间，不是缠毛线，就是织毛袜；有时请假到校外去，也把毛线带上；学校规定星期天起身比较迟，在没打起身铃以前，不能走出号舍，有的孩子就坐在被窝里织起来了。有一些最乱最烂的毛线，两个十岁左右的孩子程海、唐惠钦非常耐心的也把它理好缠起来了。六十几个孩子，在课余时间，分工合作，缠了三十四斤比较乱的毛线，织成一百五十四双毛袜；再加上旧的和家长送来的，就解决了冬季的袜子问题。当他们完成任务的时候，我曾写一首小诗来称赞他们：

恭喜！恭喜！

你们又得到一次大胜利；

缠的缠，

织的织，

大家动手，

把一堆乱毛线，

织成一双双漂亮的袜子穿起。

小木匠小保管小护士

桌子、凳子、门窗、纺车坏了，木工室里小木匠就会拿去修理。崔世芳、张家良做了保管室里的小保管员，他们管理学校里的日常用品，经常整理、登记保管室里的笔墨、纸张、灯油、火柴、衣服、鞋、袜、面巾、肥皂……按照供给标准发给教职员、同学，他们足够抵得上一个称职的保管员。周晓黎、朱湘梅、刘英杰、孟瑜、郝小玲是医务所里的小护士，同学、教员病了，他们送水、送饭，很尽心的去护理病人；在诊病时间以前，他们把消毒、清理等准备工作都做好了，也能帮助医生给病人换药、洗眼，甚至打防疫针；工作的时候，非常认真严肃。李医生很得意的说："真能行！一个普通的护士，不一定能赶上她们哩！"十二岁的小护士周晓黎写信给她妈妈说："妈妈……我现在在学校里当上了一个小护士，做工作很认真，我要对病号负责哩……"小木匠、小保管、小护士……都是建设学校的小工人。

防旱备荒

一九四五年五六月里，老是不下雨，看着就要跌年成。在政府号召之下，学校也进行防旱备荒；孩子们也响应了这个号召，大孩子抽空开了荒地，种上洋芋、南瓜、玉米；小娃娃也在晚饭后到地里去拔野菜，每天一个小队就拔了几十斤，一共拔了一千二百多斤，代替粮食喂猪吃，在拔菜中他们认识了苦菜、灰条菜、猪毛菜以及各种能吃和不能吃的野草。校里种下的几百棵南瓜，眼看就干死了，靠着孩子们在课后用面盆、水桶、尿罐，一队一队到河边抬水来浇，把南瓜救活了。孩子们认识到灾荒严重，认识到物力艰难，学校里在备荒期间，节约下大批的粮食、笔墨、纸张。

为了防止仓里粮食霉烂，全校总动员，把八十几石小米翻出来晒；恰巧遇到变了天，眼看大雨一来，粮食就冲跑了，校长、教员、工作人员、尤其是孩子们都拼命抢收，当雨点落下来的时候，有的孩子就把自己的被子拿来盖在粮上，当时深深的感觉到：我们的孩子是学校最忠勇的卫兵。

脱离了孩子虱子也消灭不了

去年下半年，医务所决心要使孩子们在冬季不长虱子，洗衣员吴成保同志，预备下一口大锅，从秋季开始，每次洗衣，把孩子的衬衣等都煮过一次；大家称颂吴同志为"灭虱功臣"；他辛勤的工作了一个冬季，一点也没放松。这还不算，又请中央卫生部把新制成的"蒸汽灭虱机"，搬到学校里来，把所有的被褥、毛衣、棉衣都蒸过一遍；花的力量可算不小，虱子是减少了，但是始终没有消灭干净。后来发觉这种丢开群众（孩子们）的办法是没有好结果的，才号召孩子们大家起来和虱子做斗争，让他们懂得灭虱的重要，用勤洗头、洗衣、洗被、换衣、洗澡、捕捉来对付虱子。几百双手，每天花十几分钟时间，互相帮助、互相督促、互相检查，大同学帮助小同学，教员有系统的督促检查，再加上吴成保同志经常煮衣、煮被，这样很快就把这顽强的家伙打垮了。

建设创造的教育

如果事实允许，应当尽可能的通过生产、劳动、社会活动等实际工作，指引孩子为建设新的学校而奋斗。

我们不可能也不同意布置一个很美好的学校，让孩子们来坐着享受。这种学校里，培养出来的孩子，是会和劳动人民所需要的孩子完全相反的。

我们肯定相信小孩子有能力，能创造，他们虽然不能把每一件事情办得很周到，但是有些适合于他们做的事情，他们也能做起来，有时还做得很好；他们能够运用思想，利用条件，创造出些新的东西。孩子们是建设学校的一种不可少的力量；离开这种力量，有些事情就做不起来，有些事情即使做起来也保持不住。

我们肯定的相信，指引孩子运用劳力智慧，在为学校为群众服务当中，使用工具、克服困难、解决问题，是好教育，孩子们的阶级性、斗争性、建设性、创造性，在实际斗争中培养起来，同时给文化课程的学习以切近的实践基础。

小工匠小卫兵

假设学校里建设受到破坏，桌子搞破了，凳子弄掉腿，墙壁涂黑了，窗纸给撕烂了，玻璃给打碎了，图书遗失了，玩具弄坏了，栏杆被摇动了，花树被折断了，干净的地面被糟蹋了……这一类的事情，往往正是孩子们干的。在一切代替孩子安排好的资产阶级学校里，这种情况很普遍，就是用处罚来威胁学生也没用。倘若发动孩子来参加学校的建设，桌子、凳子是他们修理的，墙壁是他们粉刷的，窗子是他们糊的，图书是他们管理的，玩具是他们做的，栏杆是他们栽的，花树是他们种的，地是他们扫的……这些建设学校的小工匠，不但不会自己破坏自己一手所做成的东西，而且会成为热心负责的小卫兵；谁把他们种的树拔掉，谁要把他们做的东西弄坏，他们是会起来斗争的。学生参加学校建设以后，他和学校就分不开了；他会很亲切的爱恋着自己的学校，甚至于在他离开学校许多年以后，还想念自己的母校哩。

069~083

第八章　思想教育

8.

思想教育

阶级教育

阶级教育是最基本的思想教育。先把这一方面的情况谈一谈：

在一九四四年以前的学生试卷中，翻出这样一份"公民测验"：

公民测验

一、问：方荣柏、宣平平的父亲（就是方志敏、宣侠父两同志——作者注）是谁杀死的？

答：是被蒋介石领导的国民党反动政府杀了，他们是代表大资产阶级、大地主，是杀人的凶手、杀人的魔王。

二、问：陷害青年，屠杀共产党的是哪些人？

答：是代表大资产阶级大地主的人杀害了共产党员，法西斯特务政策陷害了青年。

三、问：你们长大了要为谁努力工作？

答：我长大了要为共产党、无产阶级的事业努力工作、为人类幸福奋斗。

四、问：八路军、新四军有些同志们是为谁流血牺牲了？

答：是为工农大众的自由幸福、为全人类幸福自由牺牲的。

五、问：苏联红军的死难同志是为谁牺牲了？

答：是为全人类幸福自由牺牲的。

六、问：在谁的领导下老百姓能够丰衣足食？

答：在共产党领导下，老百姓过着丰衣足食的生活。

七、问：在谁的统治下，老百姓无衣穿、没饭吃？

答：在法西斯统治下，老百姓没吃没穿。

八、问：你们男女同学间的关系，应当怎样才算正确？

（无答案）

九、问：你对老百姓的关系，应当怎样才正确？

答：我们对老百姓，应当学习他们的优点，决不能轻视他们，要很亲切的去接近他们，和他们打成一片。

十、问：性格暴躁有什么害处？

答：要有了这毛病，就会很多事情做不好，好比一件事情不能冷静的想就做，结果做错了，有这毛病，又不能去接近老百姓，在我们同学中要有这毛病，就常打架和同学搞不好。

从这份试卷上可以看到当时是注意到对这些革命后代进行阶级教育的。但所用的方法，是把革命的名词、术语、大道理向孩子们的小头脑里灌输，效果是很不圆满；我们的十岁左右的小孩子，也曾学会了满口"无产阶级……"、"资产阶级……"、"站在党的立场……"；实际上只是鹦鹉学话，并没能真正理解消化，在孩子们的思想上没有起多大作用。这样的阶级教育，我们认为是教条主义的，形式主义的。

同时据老教员们谈起：当时孩子们是没有经常进行生产劳动的，

生活标准在延安比任何机关都要高，常吃大米、白面、肥肉……吃法也很讲究，肥肉吃腻了，就倒在猪食缸里；衣服不但质料较好，而且样式也特殊——一律童子军服，男孩船帽，女孩长裙。群众用惊奇的眼光来看这群洋里洋气的洋娃娃。这样教养下的孩子，自然就变成莫名其妙，骄傲自大的"小糊涂"；他们轻视劳动，看不起劳动人民，在学校里，从炊事员到校长，他们都瞧不起，而且几乎都被孩子们骂过；到校外偷群众的西瓜、玉米、萝卜、西红柿……踏坏群众的庄稼，打骂群众的小孩，群众看到这群孩子，也是皱眉头、瞪眼睛。这些孩子本来是从人民中间来的，有些孩子的父母已经为工农革命事业牺牲了性命，可是这时候他们不知不觉的忘了"本"，"存在决定意识"，问题就在于当时不是把这群孩子当做劳动人民的子女，用无产阶级的立场、观点、方法来教养的，而是把这群孩子当做"新贵"，用资产阶级的立场、观点、方法来教养的。因此，即使生硬的向他们小头脑里灌输一些空洞的名词、术语、大道理，也起不了什么作用。

后来也有同志这样说过："延安是中国革命中心，是政治空气浓厚的环境，这些孩子大都是在革命队伍里生长的，还怕他们没有阶级观点，长大了不革命？现在只要教育他们好好的学文化，把身体养得强壮就行了。"这样讲法实际就是取消阶级教育。

一九四四年秋季以后，他们试行通过孩子们的生活、学习、工作、游戏等具体活动来进行阶级教育，把阶级教育渗透到孩子们的各种具体生活中去，有些事情前面已经谈过，现在重提一提，作为举例：

延安伙食标准，一般都有小灶、中灶、大灶三种，后来我们孩子的伙食标准改为大灶。为了照顾小孩子的营养，另外每个孩子每月再加一斤肉；经学校补助调剂，经常在一般大灶以上，中灶以下，全校教职员、学生、杂务人员，都在一个灶上吃饭，除注意营养卫生以外，没有什么特别讲求。有一次，一个孩子因为天天吃萝卜菜吃得厌烦了，就当着教员说怪话："又是萝卜条"，"萝卜条好吃得很（反话）"。教员当着全班孩子的面前就严正的批评他，并教育大家说："你替人民做过多少事？你为人民立过什么功劳，萝卜是谁生产的？你生产过多少萝卜？现在是不是每一个贫苦农民都有萝卜条当菜？反省反省吧！我们每天有萝卜条吃，是享受太少，还是享受太多呢？……"遇到这一类情况，是应该把问题在孩子们思想上弄清楚的。

我们曾强调生产劳动，教育孩子们和工人、农民的女儿一样去种地、纺纱，扫地、洗衣、补破袜底……，教育他们向能创造一切的劳动人民看齐；教育他们爱好劳动，尊敬劳动者，厌恨剥削和剥削阶级。

我们曾强调学着当勤务员。使我们的孩子了解："毛主席是人民最好的勤务员，我们的父亲母亲也是人民的勤务员；我们应该学着料理自己的生活，做自己的勤务员；教员为我们服务教育我们，我们也应该替教员做些小事，做他们的勤务员；炊事员、运输员、生产员都是工农出身的老革命，现在又替我们烧饭种菜，我们更应该替他们缝缝补补，多服点务，给这些工农兵当小勤务员；回到家里父亲母亲给人民当勤务员，工作忙，我们也得分担一些辛苦，替他们扫地看孩子，当爸爸、妈妈的勤务员；学校附近的劳苦群众，就是我们整天嚷着要全心全意替他们服务的人民，我们吃的、穿的、用的都是他们的血汗，更应该常去替他们挑水、扫院子、教识字，学着当人民的小勤务员。"并通过这些具体服务工作，培养孩子们的群众观点——阶级观点。

孩子们从旧社会里带来看不起伙夫、马夫、保姆——看不起劳动人民的落后意识，我们就组织孩子们替他们祝寿；校长教员严肃的替他们行礼拜寿，孩子们也称呼他们爷爷、奶奶，这不但教育了我们的孩子，也教育了大家。

通过参加追悼二十四年来死难烈士追悼会的具体活动，运用延安具体的政治环境，教育我们的孩子认识屠杀人民，屠杀他们父母的大地主大资产阶级，激发为劳动人民，为自己死难的父母复仇的阶级觉悟。

诸如此类，通过这一些具体事情来进行阶级教育，也曾收到一些效果。但是现在检讨起来，至少还存在这样一些缺点：

我们过去把世界反法西斯统一战线的"四大强国"、"四大领袖"和"团结友军"、"联合各党各派"一同抗日之类的话，向我们的孩子讲得太多了；问题严重性还不在于讲得多少，而在于没有明确的站在劳动人民的立场来向孩子们讲解这一类问题；

我们所进行的阶级教育，不全面也不经常；因此就没做到使较多的教学活动具有充分的阶级性，战斗性；更没有达到把阶级教育渗透到所有的教育活动中去；

我们常常不自觉的把阶级教育和一般的道德项目，或事务上的行为态度平列起来看待。实际也就降低了阶级教育的地位，把他意义和作用冲淡了。

动员，计划，商讨，总结

在生产劳动、社会活动、学习活动、游戏活动中，常常要号召动员，做活动计划，交换意见，商量讨论，检讨总结。通过这些实际活动，使孩子们在思想上认识到是什么事情？怎样站在劳动人民的立场来看这些事情？为什么要做？经过怎样步骤，采取什么方法、态度才能做好？为什么有些地方做得很好？为什么有些事情又做得很糟？在活动中哪些想法做法是对的？为什么是对的？哪些想法做法是错的？为什么是错的？怎样的想法和做法可能把事情做得更好或更坏？今后在活动中应当发扬哪些想法做法？改正哪些想法做法？……

实际工作中经常提出这一类的问题激发学生的思想，要求他们运用头脑，解决问题，实际活动又考验他们哪些想法是对的，哪些想法是错的，要求他们把对的或错的想法再在实际活动中加以发挥或改正。这种与实际结合的思想运动过程，不断地向前展开和提高。教师就根据这个规律发展的实际情况加以启发、暗示、说服、指引、影响、推动、检讨、批评、鼓励、表扬……使学生自觉地认识到谁是朋友？谁是敌人？哪些是"是"？哪些是"非"？为什么是"是"？为什么是"非"？用来指导自己的行动。

通过每个具体的生产劳动中的具体问题，进行思想教育，曲曲折折的来培养学生的正确劳动思想——劳动观点；通过每个具体社会活动中的具体问题，进行思想教育，一步一步的来建立学生正确的社会思想——群众观点，通过一切具体活动中的具体问题，进行思想教育，总的汇合起来，培养起全心全意为劳动人民服务的革命人生观——阶级观点。

这是我们思想教育的方向和法则。

时事教育

三年级的孩子，已经勉强可以读懂群众报（边区还没有专为儿童出版的报纸），每班经常有两份群众报给他们传着看；高年级的孩子，解放报上的通讯和第四版上的小文章，已经勉强可以看懂，每天把解放报贴在布告板上给孩子们看，有比较适合的文章，教员就在晚上给他们读；有时也选报纸上的文章给他们做国语或常识教材。五年级的级任何林同志，曾规定学生每天要记住几条时事向他汇报。当红军进军柏林的时候，墨索里尼被枪毙的时候，苏联对日本宣战、日本投降的时候，孩子们都很感动、很兴奋，自发的涌到教员的房里，和教员谈论这些事情。他们的日记和作文上，也常常出现着："红军进军柏林"，"墨索里尼被枪毙了"这样的题目（自拟的题目）。

孩子们爱看报纸的习惯，关心时事的态度，从小就培养起来了。指引孩子们认识边区、认识中国、认识世界，认识工农、认识阶级，认识压迫、认识斗争，提高他们的政治觉悟、阶级觉悟。同时使住在山沟里的孩子，把视线引导到注意大的社会，大的世界，对他们品格志气的培养，也有帮助。使小气的、狭隘的性格变得心胸开朗、眼光远大，减少孩子们为一张纸、一个铅笔头、一句话而吵嘴、怄气、闹不团结。因为他们已能注意到较大的政治事件，较重要的革命问题。在抗战时期懂得痛恨民族敌人和汉奸；今天懂得痛恨挑动内战的地主、买办资产阶级。

主动的耐心说服

孩子们犯错误是难免的，许多受过长期锻炼的成人，还要犯错误，何况是小孩子呢？假设在教育上一时看不到效果，那就得研究自己的方法和孩子的情况，再求改进，孩子们改正错误，也是一个长期艰苦的过程；所以，在教育孩子的时候，要耐心、耐心、再耐心。和孩子个别谈心，比当众训话要亲切深入，收效也比较大。我们提倡和孩子谈话，不要等他犯错误再找他谈，五年级学生康国雄说："过去先生一找我谈话，不是训一顿就是处罚，所以每当先生一找我，我就吓一跳，以为一定又出了乱子，先生一定又叫去训话了。"教师们主动的，不等孩子犯错，平常碰在一起，很不拘束的随便闲谈起来；好的地方可以提出来鼓励，或者才看到他有什么不好的倾向（或征象），就给以适当的暗示，谈话的时候，多启发他自己谈，不要变成教员片面的训话，或审判式的发问；谈话的态度，在一般情况下，要温和、亲切，关心他，替他设想。也有些年轻急躁的同志，热心为孩子的进步，还常向孩子们发脾气，或一味简单的训斥。结果孩子们有的当面对抗，有的背后讲闲话，得到相反的结果。

五年级的一个孩子和级任教员谈话情形，在日记上反映出来。题目是："同何先生谈话"。

外面的大风嗦嗦吹着，尘土在满天飞，好像拉起一幅尘幕似的。在先生们休息的窑洞里，我和何先生面对面坐着，面对一个火盆，何先生抽了几口烟，然后满面带着笑容的向我说："我们抽空谈谈吧，你先说一说，这一些时候的进步情形，并且还有哪些缺点。"

何先生看着我微笑，我想了一下，便畅然的向何先生不完全的报告了我的生活、学习情形。何先生边听边记。我讲完后，何先生就很诚恳、亲切的告诉我："这学期你的学习还算用功，编黑板报也负责，作文在班上是比较好的一个，只是用字用词太文气了。和同学相处嘴不让人，所以团结同学比较差，还有些背后说闲话的事情……"我静静的听着、想着，谈完以后，我便离开窑洞出来玩。

这次何先生对我谈话，深刻的印在我的心里，我觉得何先生对我的批评都很重要、公平，我下了最大的决心，何先生对我的希望，我都要做到。

建设性的周会

各级每个星期都要开一次周会（级会），过去一开起会来，多半是你说我如何如何不好，我说你打架、骂人，变成互相攻击的会。去年我们把开会内容和方法改变了一下，开会的时候，固然要检讨上一周的生活、学习，更重要的着重在计划下一个星期要做些什么事？怎样组织？怎样进行？对于上一周生活、学习的缺点怎样来有计划的改正。讨论以后，就把下一周的工作学习要点，写了贴在教室里，照着执行。这样的周会不仅仅是检讨会，而且是计划的会、组织的会、推动生活学习向前进步的会。

改集体制裁为集体帮助

当一个学生犯错误的时候，就用集体力量来制裁他，叫做"集体制裁"。常常在群众性的大会上，来批评犯错误的孩子，你一句、我一句，把他的错误讲得很重。孩子们本来容易看到别人错处，不容易看到别人优点；孩子们批评别人错误的时候，又往往很猛烈；实际这种会，就会变成大家攻击一个人的会，斗争一个人的会。犯错的孩子，如果是顽强的，他便因为别人夸大了他的错误，攻击得太厉害，因而不服气，更加坚持他的错误，和大家对抗；懦弱的孩子，会因为这种猛烈的攻击，觉得周围都是冷森森的敌人，在学校里没有他立足的地方，抬不起头来，而想马上离开这个可怕的地方。我亲眼看到在一个初级中学里，应用这种"集体制裁"，来对付一个犯错误的十四五岁的女孩，会开得时间很长，孩子们的发言，一个比一个猛烈，提出的处罚也很重；弄得那个犯错的孩子，整整的哭了一夜，第二天又哭了一整天，连饭都不吃，眼都哭肿了，声都哭哑了，非常坚决的要离开学校。她说："到什么地方都可以，就是不能再在这儿呆下去。"我们就把集体制裁改为集体帮助，把斗争会改做研究犯错误的问题，帮助同学改正错误警惕自己的研究会，同时也就是犯错误的孩子自我批评的会。有一次两个孩子打架，不听教员劝说，大家开了个会，对于犯错误的同学，一方面适当的批评他打架不对，一方面研究为什么一定要打架？先生劝说为什么还不停手？这种行为为什么是错的？有什么害处？怎样改法？大家怎样帮助他？他自己也做自我批评，大家从思想上来找问题的根源，从思想上解决问题。所以这种会议是严肃的批评，也是"与人为善"的友爱和帮助。不仅是犯错误的孩子受到思想教育，而是孩子们互相进行着思想教育。

早会和生活讲话

在我们学校里，没有公民课，每天早晨，都有一个总的集合，举行一个早会（冬季改为午会），在早会上把当前在学习、工作上要注意的事情，由教师、医生、职员、学生会干事，或同学向大家做五分钟或十分钟的讲话。有时在这里进行号召、动员，来发动工作；有时指出缺点、纠正偏向；有时总结经验、奖励好的典型。讲话注意扼要，有话即长，无话即短，从实际生活中间提出问题，来进行公民训练。

早会是全校性的，另外各级每一星期都有级会和"生活讲话"，由级任教员主持，有时也可以请校长、科长及其他教员来讲话。讲话内容，主要的针对着班上实际的生活中所发生的问题来给他们谈，有时也可以启发让大家来讨论或是给他们讲革命家、科学家的故事，以及寓言性质的故事。有时也谈谈当时发生的政治问题或社会问题。内容变化多，讲的人也常有变化，但是都要从实际问题出发，归结到实际问题。下面引的是彭迪同志在生活讲话时讲的故事，在学生思想上反映出来：

从："仙人召集野兽开会"的故事说起 四年一 李溶

星期六的下午，第一节课是生活讲话，彭先生给我们讲了一个"仙人召集野兽开会"的故事。这故事虽然是假的，但是人们里面也常有这种现象；就是我们学校里的学生，也有这种现象。

这里可以把故事的大概说明一下："就是有一个仙人，他召集许多野兽来开会，开会时，仙人就问野兽说：谁的面貌觉得不好看，我可给你们修改。但半天没有谁说，仙人便问猴子，猴子说熊的面貌不好，熊说马的面貌不好，……一个推一个，最后还是推到猴子，谁都不愿说自己的面貌难看……"

从这里就可以说明，我们同学之间，互相批评，改正错误，就是修改面貌；有的人就不愿意修改自己的面貌，别人批评他，他就赶快起来反驳。比如我吧：有时同学批评我，我就单找批评我的同学的小缺点去打击他，或是问他为什么不批评别人单批评我？想起来这是很不对的，今后应当好好改正。自然有的同学批评人好像训人一顿，这样被批评的人当然会不愿接受。

我们批评人时要诚恳，态度要好，不要为了打击别人。自己被批评时，对于批评的意见要考虑一下看，有没有这种错误？有，就赶快改；没有，也要提醒。像这些毛病，我要注意，就是我们全级，全校同学也要注意。

转变风气

学校风气的转变，也就是全校思想作风的改造，基本上是一个思想教育问题，同时要改造整个学校的实际生活，给思想教育以物质基础和生动的内容。

我们首先把学习搞好，教师上课前做充分准备，功课教得实际、有内容，受学生欢迎，学生学习也就发生了兴趣。作业认真批改、检查、督促，学生的学习也加紧了，假期和休息的时间，也有学生在埋头做功课。

有了图书馆以后，有书报可读，图书馆一开放，二三十个孩子，安静地坐在那里看书。

到了生产时间，种地的种地，纺纱的纺纱……每个孩子除掉学习都参加生产劳动，受最重要陶冶和锻炼。

管理图书，管理生产工具，当小护士，小保管，小先生，替同学服务，替教员服务，替事务人员服务，替群众服务……工作是做不完的。

下象棋、打扑克、拉胡琴、荡秋千、排话剧、闹秧歌……游戏的时间也玩得满意。

在学习活动、生产活动、社会活动、游戏活动中，充分发挥学生的思想体力；调皮捣蛋的时间用到学习上去了，打人胡搞的手用到纺车胡琴上去了，爱骂人的嘴巴，用来唱歌和讨论问题了……学校里每年、每月、每天、时时、刻刻，室内、室外、处处地方都充满了正当的有趣的活动；好事情把时间、空间以及孩子们的头脑双手占据了，游手好闲的不正当行为便失去立足之地。这样好的风气就打下了基础，坏的风气便失去依靠。

在这样的实际生活基础上，教师再把握具体问题，站在劳动人民立场，加以指引、说服、检讨、鼓励、进行与实际相结合的思想教育。我们在开始的时候，特别注意纠正对于别人好处妒忌、讽刺、攻击的毛病，仔细分析揭穿这种落后心理的社会根源，使孩子们从思想上得到觉悟，扫除进步的一大障碍。

经过两个月以后，从一个孩子的作文上可以看到学校风气初步转变的情况：

两个月来的学习生活

开学以来到现在已快有两个月了，在这两个月中，我们是不断的上进，在学习上比以前大不相同了，同学们在早晨和午饭后的休息时间自动的去用功，过去不肯用功的同学也开始转变，上自习也比较安静，同学间互相督促。在生活上一切作息，也都按着时间进行，动作也迅速了些，同学间的纠纷减少了，关系也转好些了。每天生产一小时半也很积极，并且是有组织的生产，除了学习、生产外，我们的文化娱乐活动也是由自己主持；晚饭后，每人按着规定时间去做娱乐活动，组织了戏剧、美术组，组织了墙报和乐队，由没有歌声的空气，已转为随时可以听到歌声。

　　现在我们是继承上学期的优点、克服缺点，在这两个月中进步是不小的，但因为时间还短，上学期的残余缺点还是很多，我们要把学校改好，就要我们自己协同先生们一起来努力！

学校像一个大火炉，在整个学校风气的转变中间，调皮的孩子，也明显的转变过来了，有些甚至于变成很有能力、很好的孩子。

084~108

第九章　纪律教育

9.

纪律教育

集体行动的纪律

学校的学习、生活、生产活动、社会活动、游戏活动，都是有组织按照计划去进行的，在集体行动中，如果个别的孩子，不依照一定的规律去行动，就影响到整个的活动，而暴露出这种行为的错误。这样，教员固然要加以劝导纠正。同学对于这个不守纪律的孩子也会提出批评，他自己也会因为损害了大家而感觉到不对。在这里，孩子中间的积极份子，他们对于帮助同学遵守纪律，是起着很大作用的。可是孩子们对于不遵守纪律的同伴，常常是会采取攻击态度的，曾有级长组长摆起架子训同学、处罚同学的事情发生。教员就注意教育积极份子，采取友爱和气的态度，帮助纪律性较差的同学。根据事实要求，通过群众自觉互助来进行纪律教育，比专靠教员来维持纪律有力量得多，同时也纠正了孩子们"各人自扫门前雪，休管他人瓦上霜"的旧观念，集体性的活动把大家紧紧地联系在一起了。同时整个学校的风纪是好的，个别纪律性较差的孩子，也就容易进步。

自觉的纪律

培养孩子们从思想上认识到纪律的重要，在每一种活动中了解为什么要照着规矩行事？逐渐提高其对于纪律的自觉性，养成遵守纪律的习惯，到了一定程度，即使先生不在，他们也能够自觉地遵守纪律。我们图书馆的纪律经过一两月的教导以后，情况就比较能令人满意。四年级学生王悦在她题目叫做："在图书馆里"一篇作文上写道：

> 图书馆的干事，拿着钥匙，走上山来，站队等着借书的同学，心里都很着急，一会儿，干事走上来了，把"开放"的牌子挂在图书馆的门旁，门一开，大家就依次序进去了。
>
> "我借水浒第二册"，"我借小难童"，"……"，大家按照先后借起书来。
>
> 各人借到书以后，就自动的找到一个座位坐下去，安静的看起书来。有时会有个别的人讲话，这时马上就会有人干涉："提议不要讲话"！这证明看书的精神是非常集中的；也证明图书馆的秩序是非常安静的。
>
> 大家正在看得起劲，忽然下自习的铃响了，这时每个人都恋恋不舍的再往下看几句，才把书还了。
>
> "开放"的牌子翻转过来，成为"休息"的牌子。同学们从图书馆走了出来，三三两两的议论着：
>
> "花和尚把林冲搭救了！"
>
> "哎唷！小三子死了。"
>
> "真好看！"
>
> 就这样，大家都慢慢的下山了。

体操是纪律行动的训练

上操，大家排成队伍，立正、稍息、向左转右转……这些基本动作是集体行动训练的一个方面。在这一声口令之下，大家步调齐一，万众一心，这是纪律行动很具体的表现。以学生的自觉为基础，通过这些操练来培养孩子们纪律行动和纪律的观点，是有效果的。

我们每天都有二十分钟左右的早操，侧重这些基本动作操练，再配合一些柔软体操。动作力求迅速整齐，这是一种体格的锻炼，同时也是一种纪律教育。

了解孩子才能教育孩子

教员应该和学生保持最大限度的接触，充分了解孩子们的行为，和他过去的出身成份、经历、个性等，尤其是级任教员，在这里有一个教训，可以拿来谈一谈：

一个从山西战地来到延安的男孩子，自小在战地过着动乱生活，父母都在战争中死去，一直没有上过学，曾在部队里当过勤务员。来到我们学校已经是十四岁了，可是只能进一年级。初到学校的时候，我们并没有细心地去了解他的过去生活情况，但是他开始表现得很好，学习很努力，经过半年的学习，他就提升到二年级下学期了。到了二年级以后，他在先生面前，表面上仍装做好学生，暗中却联合了七个男孩，专和女同学、教员捣乱。第一回，他派了几个小同学，把自己班上女同学号舍门口种的一些花，在夜晚偷偷地拔了；这件事情发生以后，教员还以为是别班的孩子干的，事情也没有调查清楚，就放下了。

因为教员不了解孩子实际情况，孩子犯了错误，又没搞清楚。这样对于几个孩子的犯错，实际上是一种鼓励。所以他们就更大胆，接着他们又偷偷地把野草刺放在女同学们的被子里，把灯油泼在张海云（女孩）的被子上；又偷了班上十几个同学吃饭用的汤匙，埋在土里；还偷了同学们的衣服，拿到市场上换钱买东西吃。这样，连续不断的发生事情，教员一直被蒙蔽着。一个学期过去，始终没有把问题搞清楚，仍旧把他当做好学生。直到第二个学期，换了级任教员，有一天晚上发现在茅房里有人打土块吓唬人，就抓住这个问题，追究起来。经过很费周折的耐心考查、研究，花了十几天时间，才把他们过去所做的错事，一件一件的追究出来。

根据这个问题，可以看出，教员如果对孩子了解太少，孩子就敢大胆乱搞；孩子犯了小的错误，教员马虎过去，就鼓励了孩子去犯更大的错误。反过来说，你如果真正了解孩子，孩子有些犯错误的倾向，就及时的提醒他、纠正他，他就不至于犯错。倘若孩子犯了一次错误，你就抓紧把问题从思想上搞清楚，给以适当教育、纠正，下一次就不至于再犯。同时，孩子们犯了错误，正是告诉教员，他需要些什么教育，给教员工作上一个启示，是不应该忽视的。

生活、思想、组织

倘若学生的实际生活充实愉快，把孩子们的力量引导到建设创造方面去，犯错误的事自然就会减少，纪律教育就有了基础。

加强思想教育以后，学生的认识提高了，对于组织观念，集体行动的纪律性，也都有了相当的了解，遵守纪律的程度也就跟着提高。正很像俗语说的"水涨船高"一样。同时每一条具体的纪律在建立实行以前，都要听取孩子们的意见，经过讨论或解释，使学生从思想上认识到这条纪律存在与执行的必要，然后实行，效果也就比较好。自从我们加强学生会学生总队等组织以后，就显出组织的力量。教室、号舍、图书馆、俱乐部、纺纱、种地、工具的保管、睡觉、吃饭、集合、开会、操场里游戏、衣服、被褥、面盆、箱子、包袱的放置——每一个场所，每一件事情，每一个人，每一种东西，都按着一定的规律、秩序去组织，去安排，去行动。这样，每一个时间，每一件事物，就都会很有秩序，同时有了健全的组织，就可以应用组织力量，根据各种纪律的具体规定，建立起整个学校的纪律。

要讲求方法

有些时候，秩序不好，并不能怪孩子，而是教育的方法上，还有欠周到的地方。例如：在操场上集合，常常看到教员把哨子乱吹一阵，学生还是三三两两的集合不齐；教员把哨子吹得很急，学生还是慢吞吞的。我们就想出一个方法，先和孩子们说明，集合时整齐迅速的必要，约好每次集合，只吹三声哨子；第一声，学生收拾一下，马上就走出来；第二声哨子，大家就走到操场；第三声哨子，学生依规定的队形、位置排成一个整齐的队伍，不能有一个人在队外。同时，教员吹哨子，要注意给学生足够把队伍排齐的时间，这样的集合方法，既迅速，秩序又好。

又如上课前教室的秩序，往往很乱，一直等先生上了课堂，有些学生还在打闹，有些学生还没进教室；这种现象多半发生在摇了上课铃老师迟到的教室里。我们就规定：上课铃一打，教师就很快的走到教室门口，学生完全进教室以后，教师再进教室；倘有个别的孩子进教室较迟，教师等他进去，然后自己再进教室。这样，迟到的学生，都会感觉到惭愧，很快的跑回教室坐好，上课前的教室秩序，就不会乱。又如学生的面盆、碗筷、鞋子等，如果给他们指定放东西的地方，教他们把各种东西排起队来，自然就整齐美观了。如果你没有一定的地方，没有一定的办法给孩子放这一类的东西，怎么能够怪孩子乱放呢？

什么时候？什么地方？什么动作？

在建立纪律的时候，要注意几个要点：第一，是时间的执行；如果孩子们每天的作息都能够准确的执行时间，学校纪律可以说已经完成一半了，所以对于学生的起身、吃饭、休息、睡觉，都要确切的执行时间，不要有拖拉的现象。第二，就是在一定的时间之内，在某些地方，学生应该做些什么？怎样做法？（如在图书馆开放时间，孩子们一定在这里是看书，而不能闲谈或者下棋。借书看书的时候，一定是依照手续，看书时要坐端正，保持安静等）如果能做到准确而切实的执行时间，在一定的地方，做一定的事情，按照一定的动作去做，东西放置在一定的地方，自然就可以成为一个纪律很好的学校。

曲折的过程

每一件事情，每一个场所，都是井井有条，丝毫没有紊乱的现象，学生的每个行动，都能够活泼愉快而有规律。同时，孩子们从内心里了解纪律的重要，而自觉的遵守纪律。要达到这种标准，必须经过一个较长的教育过程，把自觉的纪律水平逐渐提高。

在一个学校里面，不能希望在一月两月就马上提得很高，至少需要几个月或较长时间才能打下基础，以后再无限制的提高。对于个别顽皮儿童的转变更是一个艰苦的过程：他的坏脾气的养成，至少是五六年，多则十几年，你不能希望在三两个星期就把他彻底拔除掉。对于这类孩子，做教员的，首先要有精神上的准备，一个学期教不好，就用两个学期的时间，一年教不好，就花两年的时间；同时应当相信，只要方法用得对（注意研究方法），一定会有进步的。可是我们在实施当中，常犯不耐心的毛病。

当开始提出实行自觉纪律的时候，平日用强制维持纪律的教师很不习惯，思想上也不以为然，或是抱着怀疑的态度。这时候学生的纪律情况还是不好，甚而至于发生一两件较大违反纪律的事情，他嘴上不讲，心里却在说："瞧瞧这种自觉的纪律吧！"经过一个时期的教育以后，学校里的纪律果然有了显著的进步，这一类的疑虑也就跟着消失了。

反对惩办主义和侮辱孩子

孩子们犯了错误，不应该采取打、骂等体罚来压制孩子，在道理上已经不成问题的了，可是在新旧交替的现时代，在教育实施中却免不了有违反原则，给孩子以体罚的事情发生。并且因此引起教员之间的争论，在这一年多，也曾发生过教员打孩子，向孩子大声训斥、强制、罚站等。有一位教员曾在一个孩子身上挂不名誉的条子羞辱他，几个不听劝告的小孩子，发大水的时候在河边乱跑，级任教员把他们找回来，在号舍门前站成一排，用一条绳子从纽扣里穿在他们身上，表示："你乱跑就用绳子拴起。"（实际并没拴）事实说明：这些方法是不好的；在教师权威下，孩子们受着成人所难理解的委曲，有的孩子在强有力的压服下屈从了，就使孩子变得懦弱自卑，成为盲目的顺从，或是逐渐疲塌下去变得"老脸皮厚不知羞"；顽强的孩子，对于不可抗拒的压力，虽然只好暂时屈服，可是内心却埋藏下委曲的怒火，引起孩子恨教师，恨学校，采取隐蔽的方式进行报复；有时也会当面对抗，使教师不能下台。这样一来，即使教师是一片好意，要求孩子进步，孩子并不会接受。结果反而是厌恶和憎恨。

孩子犯了错误以后，在身上挂不名誉的条子或绳子，当众羞辱他们，同样应当自我批评的。

一个孩子犯了错误，别的孩子很容易讥笑他，揶揄他，采取幸灾乐祸的态度。教师就得告诉他们："犯错误是人人难免的事情；犯错贵在能改，勇于改过最可尊敬；别人犯错，应当采取同情的、帮助的态度，同时正好借别人的错误来警惕自己。对于朋友犯错而采取幸灾乐祸的态度，正是个人主义的具体表现"。

要不要制裁

对于"制裁"问题，"开除"问题，"宽与严"问题等，在教师中间都曾引起争论；经过讨论研究之后，也曾找到一些解决问题的路子，在废除体罚的争论中，有的教员曾经提出来：

"既然要耐心教育说服，从孩子们的思想上解决问题，不允许体罚、压迫、侮辱孩子，那么怎样执行纪律？要不要制裁？又常看到孩子犯了错误，教师就找他讲一顿大道理，第二次，第三次……还是一样，孩子也摸熟了教师的行径，觉得'先生就是那一套，没有多大办法'效果也就不好，这样又怎么办呢？"

经过讨论研究以后认为：

"纪律是自觉的，同时是带强制性的；纪律有高度的自觉性，也带有高度的强制性——铁的纪律。要高度自觉的达到铁的纪律，所以纪律和思想教育分不开，同时和制裁也是分不开的，没有制裁的纪律是不存在的。没有制裁的纪律，比起没有自觉性的纪律，将是另外一种糟糕的纪律。

在学校的集体生活里，学生过去生活经历、出身成份不同，品质不齐，学校要有严整的纪律，保持学校生活、学习的统一的规律性。纪律是不允许随便触犯的，倘若触犯了而没有适当的处置，就意味着取消纪律，或是暗示触犯纪律是被允许的。

因此，学校里要有纪律，也就不能没有制裁；制裁是纪律不可少的一方面，也是纪律教育不可少的内容。"

自觉的制裁

制裁并不就是体罚、惩办主义、侮辱孩子；问题不在于"要不要制裁？"而在于"怎样制裁？"

首先我们的纪律，就是通过思想的自觉的纪律；孩子们认识到什么是纪律？为什么要遵守纪律？怎样遵守纪律？在纪律面前是自觉的、自愿的、自动的，没有任何盲目服从的奴性意味。

当一个孩子犯了错误（不自觉），不能简单的处罚了事（这样仍不会自觉），而要使他认识到为什么这样做就是错？这种行为对于自己，对于学校，对于人民有什么害处？为什么要受制裁？怎样的制裁才恰当？应当怎样认识制裁，接受制裁？更重要的进一步研究出今后如何下决心改正这种错误？这一大串问题，都应当采取商讨的态度，和犯错误的孩子讨论清楚，制裁的办法也可以让他自己提出来，通过他的自觉来执行纪律制裁；因此，纪律是自觉的纪律，制裁也是自觉的制裁。

事实的教训

当一个孩子违犯俱乐部纪律的时候，一方面指出他的行为是损害大家游戏的福利，违犯大家利益，自己便不能享受这种利益，就可以停止他一个时期借玩具，停止他到俱乐部里去玩；或是要他替俱乐部做点建设工作，使他体验到一个人不能好好的到俱乐部里去玩是不愉快的，违犯俱乐部纪律，使大家玩得不愉快是多么不好？同时使他感觉到要在集体生活中享一份权利，便应该积极的帮助建设，而不应该破坏，自己损害了俱乐部，实在应该用积极建设来补偿，被取消玩的权利，是怪自己不好。

当一个孩子把公家的凳子损坏的时候，就要他找一块木头，到木工室借工具把凳子修理起来，使他理解到损害公共利益应该用劳力补偿；在修理的过程中，也可以体验到一条凳子的制造是不容易的。倘若他没有能力修理，就可以让他和木工室的同学变工修理。

当孩子午睡时不好好睡觉，违犯纪律的时候，便和他们谈："你既不愿睡，又妨碍大家午睡，不如到教室里来写写字，看看书，反于你有益，于人有益。"当他失去午睡权利，一个人坐在那里写字看书，觉得困倦无聊，更感觉午睡的好处，就会自动要求用遵守秩序来换取午睡的权利。

当孩子盛饭或领东西，争先恐后，不按次序的时候，便让他排在队伍末尾，最后一个人才轮到他。使他体会到：取巧反而吃亏，仍以老实为是。同时盛饭领东西总有先后，人人都要第一个，那么怎么办呢？先盛后盛，先领后领，同样能吃饱饭，领到东西，何必抢呢？

这一类的制裁，可以叫做"事实的教训"，执行的时候，也不必动气，从容的和犯错误的孩子把犯错、制裁的道理谈清楚，在执行纪律的过程中指引他，启发他接受事实教训，不必动感情，也不会伤感情，这种办法在试行当中效果是好的。

孩子犯了错误，可不可以罚他做些劳动工作呢？有些人认为劳动是正当事，应该教育孩子乐意做劳动工作，不应该当做苦役来处罚孩子，使孩子害怕劳动，讨厌劳动，这种说法也有他一方面的理由。可是当一个孩子违犯了集体纪律，损害了公共利益，让他多替大家做点工作，来补偿他的过失，补偿他对于大家的损害，也未尝不可；不过所选择的工作，最好能和他所犯的错误相联系（例如损坏的东西让他修补等），孩子做起来能够胜任而不妨害到他的健康，说服孩子通过孩子的自觉去做，使他觉得对于大家的损害是一种过失，就应该多替大家服务，为大家多增加些福利，不单纯是痛苦的报复，在这种情况下还是可以采用的。

　　孩子们所犯的错误，不一定都能找到适当的"事实教训"或劳动工作，有时"警告"、"记过"等制裁方法也可以酌量采用。孩子犯错误，如果简单的给一次警告，或是记一过是没有多少意义的，有时还会产生反作用；拿这一类的制裁来威吓孩子，更没有益处。假使孩子对于自己所犯的错误有了正确认识以后，用警告记过来表示纪律是不允许违犯的，对个人来说，是"以示警戒"，下次不能再犯；对大家来说，标明这样的行为便是纪律所不能允许的过失，大家应当警戒。用警告或记过明确地标示出"是""非"，是有教育意义的；违犯纪律而没有明确的表示，将会模糊孩子们对于"纪律"，对于"是""非"的认识。

　　学校里的纪律，和一般纪律是有区别的，一般纪律着重在纪律本身，教育上的纪律，则着重在"纪律教育"，因此对于学生的制裁，不仅单只为执行纪律而实行制裁，而是为了在教育上收到了效果才实行制裁。倘若在某些情况下，不用制裁已经可以有效的教育犯错的孩子和大家，便不必画蛇添足。同时应用制裁也要看对象、看情况，讲求效果。例如：一个平常自觉性纪律性很高的孩子，偶然的无意的犯了一次小错误，机械的硬要执行纪律制裁，就不合乎情理了。对于六七岁的小娃娃，提出警告、记过，也没有多大意义。孩子们偶然犯些轻微错误，虽然也不能放松，可以用劝说、批评的办法加以纠正，以示薄惩，绝不可以滥用制裁。对于屡次犯错，有意犯错，年岁较大，犯错的情节较重的孩子，虽然不能不给以适当的制裁，但是也不能片面地强调制裁，而放松了思想上的教育说服。

开除问题

　　一个学生和教员对吵，一个学生做了许多坏事，两个学生屡次犯错误改不过来……因而"开除"、"不开除"的问题曾在教员中间引起争论，我们认为比较正确的意见是：倘若一个孩子屡次犯错，屡次教育说服，并执行纪律制裁都没有效果，能不能把他开除出校呢？在我们教养革命军人子女的学校里，不能开除学生，我们决不放弃对于劳动人民子女，对于革命后代的教育责任。

　　在具体情况下，个别孩子因为种种原因和限于条件，留在这个环境里不能得到较快的进步，根据事实考察，认为到另外一个环境里进步将会更快些；在这种情况下，可以和家长负责地研究一下，把他转入其他学校或工厂、农场、商店、部队、剧团……受另外一种锻炼和教育，使他获得更好的发展。这种办法可以叫做"转移环境"。我们曾让一个学生提早一学期到延中学习，也曾考虑到另一个学生到平剧院学习的问题。

　　"转移环境"在教育上是一种积极的办法，对于孩子完全采取负责的态度，可以用在顽皮孩子身上，也可以用在有才能、有特性的孩子身上，和消极的、不负责任的开除是不能混到一起谈的。更应该防止借"转移环境"为名，随便"开除"学生的借尸还魂的做法。

至于一般学校，把政治上的破坏份子、阶级异己份子清除出去，却是必要的。

奖励比制裁更有积极意义

坏的行为固然不能不受到制裁，好的行为更应该受到奖励；在执行纪律当中，我们把奖励看得比制裁更富于积极的教育意义，而较多采用。

孩子们在生活学习上，有了进步，就给以应得的鼓励，即使是最细小的优点，最好也不要忽略，奖励并不就是把孩子乱捧一阵，以致冲晕头脑；而应该是有根据的、有分寸的奖励。使孩子们对于这种奖励也要了解"为什么奖励"？自觉的接受奖励，自觉的爱慕别人所受的奖励，作为努力的方向。

我们对于孩子的奖励办法有：口头夸奖，当众表扬，在黑板报上表扬，奖给实物，发给奖旗、奖状，奖旗、奖状又分特等、甲等、乙等三种，对于集体奖和个人奖同样看重。

奖励好的也有包含批评坏的意思在内，既然告诉学生说："这样做法是应该奖励的。"也就等于说："相反的做法是应该惩罚的。"如奖励了好的，同时也批评了坏的，对比起来，刺激较深，在某些场合，用在某些孩子身上，效果反而不好。在去年生产总结大会上，奖励了大批小劳动英雄，那些希望受奖而没有受奖的孩子已经够难过的了，这时候，教员又批评了几个在缝补织袜工作中表现得不大好的孩子，其中一个十三岁的女孩子，从农村里出来不久，散会以后就一面哭，一面说怪话，把快织成的一双毛袜也拆了，哭得连饭都不吃。这次对于她们的批评，就显得不恰当了。

宽与严

"宽"与"严"也是教师们常常争论的问题，实际这是一个不成问题的问题；我们不能把严和打、骂、凶狠专制的封建家长作风看成一个东西；不能把宽和自由放任的资产阶级或小资产阶级的自由主义看做同样的事情。如果看成同样的一回事，那么我们对于这种宽和严都坚决反对。就正确的方面来讲，如果把严了解做对于学生的训导，站在劳动人民立场，认真、负责、不苟且、不马虎，一种严肃的教育的态度，这种严就是必要的了；对于儿童的行为，以新民主主义下的新型的劳动人民，新型的知识份子为标准，去认真的启发、诱导，去教育说服孩子；对于违反劳动人民的思想、作风，严格加以检讨、批评、纠正：一切事情不怕麻烦的耐心教育，孩子们应该做到什么标准，可能做到什么标准，就要做到什么标准。只有这样，才能够把孩子教好，把学校办好。如果把宽了解成对于劳动人民的儿女、对于革命后代的热烈爱护，恳挚和悦，使孩子在受教育当中，感觉到非常亲切；这种宽和对革命对人民负责态度的严是同等重要，毫无抵触，没有可争论的地方。

学校教育和家庭教育

根据我们经验，最难教的孩子，多数是出身成份不好，家庭过分溺爱、不注意教育；或是家庭变故、无人教育的孩子（如父母早死、父母离婚、小时寄养在亲戚家或老乡家里、父母工作太忙交给保姆或勤务员照管等）。同时如果学校和家庭取得密切联系，对于孩子的教育就容易收到效果，例如崔玉璧的父亲等常到学校来和教员交换孩子在学校或家庭里的生活情况，并商量对于孩子的教育方法，使彼此意见取得一致，使孩子无论在家庭、在学校都受着同样教养，学校提出对于孩子的教育办法，他认为不错就给以支持。因此这一类孩子的进步一直是快的。反过来，如果家长溺爱孩子，处处责备学校，支持孩子，和学校争长论短，这样学校方面就要增加莫大的困难。就同搓绳一样，一头上劲，一头松劲，绳子就不容易搓起来。聪明的家长，不会这样干的；如果对于学校的教育方法有不同的意见，他就和学校方面商谈，取得一致。在过去一年多我们的教员也曾分头去访问家长，也曾在书面上和家长商量问题，但是我们主动的去联系家长方面做得不够，是应当责备自己的。

评定操行

在过去，根据先生主观上的欢喜或讨厌打操行分数，常常很不正确。我们在平常，每一个级任教员都有一本教学日记，对于本班上的孩子在生产劳动、为群众服务中所做过的好事和坏事，以及发展变化状况，随时记载下来，作为研究孩子的材料；并作为评定操行的参考。同时，生活、学习、生产、服务、游戏都有组织，根据实际活动，经常有总结、有检查、有记载，作为事实的根据；平时和学期终了，根据这些材料，再和孩子们开操行评定会；在会上，孩子自己也可以讲出自己的优点和缺点，孩子互相也可以提出批评意见；根据多方面的材料，教师加以研究，再给他一条一条的具体的写下来，作为操行的评定，这种评定操行的方法，二年级王健农同志班上首先采用，在评定的时候，还要看孩子的发展趋向是向上的、进步的？还是向下的、退步的？不要光看有没有犯错误，或是优点、缺点多少，进步中的缺点和退步中的缺点是不同的。

在这一年多时间内，工作虽然还有许多地方没做好，但也收到一些效果，现在举几个孩子来谈一谈：

优秀的服务团团长

崔荣，十三岁，男孩，是一个生在朝鲜，长在中国的孩子。一九四四年下半年，因为生了一场大病，休养半年，一学期没到过学校。听过去的教员告诉我：他是一个非常倔强、爱打人的调皮孩子，连校里最顽皮的孩子，敢和教员胡缠，却不敢惹崔荣。在过去的文卷中，找到一封给崔荣父亲的信（好像是没有发出去的），上面这样的写着：

文周同志：

　　小朋友崔荣在校因受顽劣儿童影响，近来已不如过去守规则，我们曾耐心的说服教育过他，也曾施以与教育有帮助的处罚；可惜他不但没有进步，前天还把一个年龄较小的同学一巴掌打得嘴唇肿起，鼻子流血颇多。在这里，我们承认我们的工作没有成绩，非常抱歉！同时又觉得我们这里的学生都是革命军人子弟与革命遗孤，如果让个别学生这样行蛮，一旦出了更严重的危险，如何负得起责任？因此特提出开除崔荣小朋友的学籍，希望你帮助我们多教导他，他如在行动上表示改过，当然可以撤消提议；不知尊意以为如何？专此奉达。

　　并致

敬礼！

八路军抗属子弟学校

六月廿一日

　　从这封信里可以看出：他在当时已顽皮到学校打算开除他的程度了。一九四五年春天，他的病好了，又回到学校；因为停学半年，开始的时候，功课当然不行，思想和习惯也不怎么好。在整个学校生活改造以后，加上教员说服、同学影响，他就进步起来；不久又被选为学生会服务团的团长。新同学来了，他就带着团员搬行李、铺床铺；教员搬家，他就带着团员搬箱子，搬桌子；不好走的道路，就带着团员把它修好；开会的时候，布置会场；会后收拾会场，也是他们的工作。在工作中间，他不但能以身作则、带头做，并且有能力领导别的孩子一起做得很好；成为全校公认、大家拥护的能干团长。他很勇敢很有自我牺牲精神，有一次，下着雨，服务团要在窑顶上挖一条三四丈长的排水沟，免掉把窑洞冲垮；几个教员也参加这个紧急工作，崔荣领导几个同学奋勇当先，工作不停，教员硬把他的镢头拿过来让他休息，没一会儿，他又把别的孩子的镢头接过来继续的干起来了。雨愈下愈大了，在他奋勇坚持影响下，孩子们毫不退缩的完成了任务。

　　生产方面，他是参加木工组的，为了学习努力，工作勤劳，很快的学会使用斧、锯、刨、凿，修理了不少门、窗、床、凳、纺车，他还别出心裁的用木料做了一把关刀。在生产总结的时候，他是木工组的小劳动英雄之一（木工组共选两个小劳动英雄）。

他停了半年学，初回来的时候，功课简直赶不上，在他自己努力学习、教员同学帮助之下，两个月以后，变成为班上的中等学生，作文进步较快。六月里他父亲到校里来看他，看到文字进步的情形，很是欢喜，连声向教员称谢，并且说："已经比我强了！"（朝鲜同志中国文字可能较差，也可能是客气）从他在这一时期写的一篇作文里，可以看到他的经历，也可以看到他文字、思想进步的情况：

给受苦难的人们报仇

一九三一年七月十四日，我生在朝鲜的监狱里。

我的父亲和母亲，都是朝鲜的共产党员，是什么时候被日本法西斯的刽子手们捉进监狱，我是不知道的。我生在监狱里的时候，不让母亲抚育我，生后就被刽子手们提出来，交给我的外祖母。

外祖母多么热爱我呀！她给我找奶吃，缝衣穿，晚上还搂着我睡觉。要没有外祖母，我是不会活到现在的。

在我五岁的时候，父亲和母亲才出了监狱，他们不认识我，我当然更不认识他们，我们的认识，还是经过外祖母一番介绍。

父母出狱后，并没有免除警察、敌探的监视，在我们家宅的周围，经常有探子监视着。在这种危险环境中长大的我，警觉性也就很高；我经常给父母做小情报员，有警察和探子走近来，我就马上报告父母，请他们转移或躲藏。

外祖母去世后，环境愈加恶劣了，我们就偷偷的离开朝鲜，逃到中国来。

我们在出国界的时候，都化装成日本人；我不会说日本话，就令我躺下来装睡着。妈妈说："荣荣呀！可不敢着声呀！你不会说日本话，一着声，我们就出不去了！"在船上被稽查员盘问过几次，但都被妈妈用流利的日本话搪塞过去了。

在前方经过三道封锁线，一九三八年春天到达延安。

我已经到达了自由幸福的边区，抚育在毛主席的怀抱里了。中国人民和朝鲜人民同是被压迫的劳苦兄弟；我长大了，一定和中国朋友们携起手来，给朝鲜和中国受苦难的人们报仇。

哪里我还调皮哩！

五年级学生贾光祖，男孩、十四岁，相当聪明，身体也健康、活泼；他是一个来自葭县农村，性情很急躁、贪玩的孩子，过去常和同学、先生闹麻烦，学习也不很用功。记得他在四年级的时候，曾经和同学姜君寰，为了争着打鼓，就很凶的打起来，教员来劝阻也不听，引起一场很大的风波。去年春天初开学的时候，他还是很调皮，先生在上面讲话，他就在下面叽咕。后来学校开始建设图书馆，他被同学选出来做图书馆长，领导四个同学来建设图书馆；教员从旁帮助他、鼓励他，教他把图书馆好好的搞起来。一开始的时候，他就很积极，一有工夫，他就钻进图书馆，带着大家登记图书，剪贴报纸，找些地图，写些标语，把墙上布置得很好看；自己又找了一块木板，写成图书馆的牌子，在门上挂起来；地面打扫得干干净净的；借书手续和看书时候的秩序，都执行得认真，在他管理的时期内，就没有掉过一本书；教员、同学一致公认，他的工作做得很好。另外，他对于文化娱乐活动，也很有才能和兴趣，他在上半年开始学拉胡琴，到了下半年已经是乐队里边很重要的一个胡琴手了。他还能够大胆的去创作秧歌剧本，在上半年，抽时间写了一个剧本，名叫"友爱"，主要的意思是教育同学们互相间应该团结、友爱；在写的时候，号舍里面没有桌子，他就点了一个豆油灯，伏在凳子上写。写成以后，自己当导演，也当演员，拉了几个同学来排演，在学校的晚会上演出了。下半年，又写了一个秧歌剧，名叫"小博物馆"；主要表现学校在建设博物馆的时候，对于认识不够的同学，怎样教育说服，经过曲折的过程，把他转变过来，同时把博物馆建设起来了。这个剧本，在新年秧歌中排演出来，在延安各处演出，到处得到好评。在这一年中间，他的进步是显著的（但并不是说没有缺点了，而且要看以后的发展）许多教员都说："贾光祖学好了！"许多同学都说："贾光祖进步了！"而他却有些害羞的样子说："哪里，我还调皮哩！"

我的弟弟正在变蝴蝶

阿毛是五年级学生项苏云的弟弟，是一个十一岁男孩，自幼离开父母，经过许多不同的人抚养大的，打架、骂人、偷懒、尿床、没礼貌、拿京戏架子……他不但比一般孩子缺点多，而且不听话，不肯改，天不怕、地不怕，教员讲他他敢顶嘴，甚而至于大哭大闹，这是一个特殊儿童，在全延安都是有名的；可是他也有他的长处，他是一个勇敢的孩子。

过去一年多，应当承认，我们对他的教育还有许多急躁和不适当的地方；他的毛病大、习惯深，自然不如别的孩子进步快。因为教员认真负责，同学的帮助，学校风气转变的影响，他也有所转变。虽然距离彻底改好还远，但是和过去对照起来，进步还是显著，他的姐姐曾在作文上这样的写着：

人人都知道阿毛是个调皮孩子，人们见了他都讨厌，连我也讨厌他——阿毛就是我的小弟弟。

　　可是现在不同了，正如宁校长所形容的，他以前是一条毛虫，现在正在变蝴蝶了。

　　我是他的姐姐，以前很少帮助他，在某些方面，还助长了他的发展。我现在想起来，对不起爸爸妈妈，也对不起他。

　　以前学校每次大集合时，总有阿毛出洋相，惹得人家发笑。现在却不同了，集合的时候规规矩矩，再不见他吵闹。以前星期六不让他回家，就哭呀叫呀的闹起来；可是我在这次回家的时候，他并没吵闹，只叫我带一封信给蔡妈妈；我觉得奇怪，在路上把他的信拆开看了看，信是这样写的：

"亲爱的蔡妈妈：

　　我很想回家，也想看看您。先生说我已有进步，叫我写信给您，让您来接我。如果不能来接我，就送点东西给我，叫我姐姐带来。

　　敬礼!　　　阿毛"

　　我很奇怪，我弟弟已能写这样的信了，我看了，真是高兴。

　　我弟弟阿毛在变了，要由难看的毛虫，变成美丽的蝴蝶了。他现在虽然还没有变成，但已逐渐脱了毛虫的丑态。我很感谢先生们把我弟弟教成好娃娃，我今后要多帮助他，使他变成一个真正的好学生——一只真正美丽的蝴蝶。

几个乡下女孩子

每次收了一些个年长失学的孩子，有些教员总是不乐意，认为那样年龄大的孩子，和一年级或二年级的小娃娃在一起，好像"鸡群立鹤"，合不起群来，旧习惯又多，实在难教。这也都是事实，可是我们却没有理由把这些年长的孩子拒绝在校外，因为他们多数是出身贫苦的农民干部子女。所以我们收了不少年龄较大而没有上过学的孩子，其中有几个来自农村的女孩子，因为年岁大了，在旧社会里过了长时间的生活，已带上了家庭妇女习气。

对于这一类的孩子，本来打算另外设一班，课程、教材、教法，都另搞一套，也不限定要五年毕业，可是为了人数不够单设一班，学校人力、物力条件也不够，只好暂时和小孩子在一起，一年当中也都有进步，现在列举几个来谈一谈：

白范梅，十五岁女孩，来自绥德农村，在旧社会旧家庭约束下，性格很拘谨、沉默，不爱玩，连讲话的声音都很低沉，还带有病态的忧郁气氛，因为上学迟，功课也差。在这一年多中间，教员针对着她的特点加以启发；主要的是让她行动放得开，心胸开朗些；在学习方面，她很能认真去做功课，学习不很得法，就在学习方法上多给她些指导，进步也就比较快，不久以后，在班上已算得上中等学生了。她被聘为图书馆里的干事，整理图书、剪贴报纸，她都认真负责，馆长贾光祖毕业之后，她就成为这一工作最适当的继任人。虽然她还是沉静忠厚，可是已经改变了过去那种沉闷忧郁的性格，在课余时间，常常用胡琴学拉秧歌小调，或是和小同学们在一起谈笑，很合得来，脸上增加了快乐的光彩。

赵云霞，十六岁女孩，生长在陕北的农村，父亲早年在土地革命战争中牺牲了，母亲改嫁，在家乡跟年老的祖母过着贫苦日月。抗战以后，得到革命政府的帮助，才能上学，可是已经是快成年的孩子了。她眼睛很近视，动作也比较迟钝，功课自然赶不上入学校较早的小同学；调皮的小同学，也就瞧不起她。她起初觉得很痛苦，同时想起自己早年失去父母的不幸生活，常常暗中流泪。她是一个肯帮助人肯努力的忠厚孩子，常常帮助小同学洗衣、缝被，在她刻苦助人的精神感动和教员开导之下，班上的孩子逐渐改变了瞧不起她的态度，她慢慢变成大家心目中尊敬的一位大姐姐。她的功课也因为自己的努力，教员的帮助，进步也还快。一年以后，她的思想认识和作风态度，在班上可以列入优等。她自己也因为进步和改善了同学关系，而增加自信和快乐。

孟愉，十五岁女孩，河北人，初到学校和二年级小娃娃生活在一起，很不愉快。因为初离开父母，很想家，病了只是哭，功课做不好也哭，饭吃不惯也哭。半年以后，情形就不同了，不但过得惯，而且过得很快活，每天都可以看见她嘻嘻哈哈的跑到这里，跑到那里，和小娃娃们玩得很热火。功课也进步了，而且做了级长，很能帮助先生、帮助同学。她又是一位工作积极，进步很快的小护士，消毒、洗痧眼、打防疫针……都能行，教员在旁边看她在紧张愉快工作，就说："孟护士真能行，将来还要学成孟医生哩！"别人都笑了，她也笑了。抗战胜利后，她父亲要她回到冀鲁豫去，她哭得眼睛又红又肿。这次的哭，不再是为的想家，而是舍不得离开教师、同学和学校。

高翠芬，当她初到学校的那一天，穿着农村妇女的衣服，高高的个子，只当她是来看孩子的家长，预料不到的是政府介绍来的一位女学生。她告诉学校是十五岁，实际可能还要大得多。年龄愈大，旧家庭的习气也愈重，她的思想意识、情绪、习惯，简直就是一位家庭妇女。不用说，她是不大容易教育的，先生讲的，她不大听得懂，但是她也不问，等到先生问她，不是站着傻笑，就是低着头不讲话。功课学不好，生活又过不惯，脾气发起来，就说："退学，不念了！"可是在教员耐心说服之下，还是继续学习下去。她和小同学当然是玩不来的，常常看到她一个人走来走去，有时独自靠在墙上或坐在山坡上，呆呆的看青天。一年之后，她已不是那么不习惯了，常和较大的孩子玩在一起，学习也摸到了头绪，情绪、习惯、态度、作风，也改变了许多，现在她是三年级的学生。等到毕业，她可能变成一个不同的人走出学校。

这些孩子，是革命的幼苗，人民的希望。他们正在生长发展，我们深信，只要得到正常的教养，他们都是长进有为的，不但会赶上我们，而且一定会超过我们。

109~117

第十章　课程

10.

课程

课程概况

我们的课程实施，不仅注意联系当前的生产、群运等实际活动和切近的客观事物；并且注意联系学生过去的实际经验，和将来在生产劳动、革命斗争中的实际应用。

我们的课程实施，一方面有经常性的生产劳动、社会活动、卫生活动、文娱活动、切近的事物、学生的实际经验，和经常性的文化学习相配合联结，针对着将来在生产劳动、革命斗争中的实际应用，构成具体的课程实施计划和进行规律。同时随着环境变化，实际生活需要，教学活动的发展，课程实施计划也不断向前发展，随时增进课程内容，组成新的学习活动。

我们的课程实施，一方面给教师充分的教学时间，发挥教师的指导作用，同时给学生充分自学时间，使学生在教师指导下，自动积极的进行学习。

在一般情况下，我们课程的科目、时间分配，大致如下（见第一表至第四表）：

课程说明

看了这四个表以后，可以了解我们的课程有哪些科目，时间是怎样分配的；至于为什么要这些科目？时间为什么这样分配？怎样运用？还需要加以说明：

第一表：科目及每周教学时间总表

年级	每周教学时间	文化课 国语 语文	写字	作文	算术 笔算	珠算	史地	生产知识	卫生知识	艺术	自习	实际活动 生产劳动	社会活动	卫生活动	游戏活动
一年级	上	四一〇	二四〇	○	三〇	○	○	○	○	二一〇	一八〇	二一〇	二五〇	一四〇	七二〇
一年级	下	四一〇	二四〇	○	三〇	○	○	○	○	二一〇	一八〇	二一〇	二五〇	一四〇	七二〇
二年级	上	三八〇	二四〇	四〇	三〇	○	○	○	○	一八〇	三六〇	二一〇	二五〇	一四〇	五四〇
二年级	下	三八〇	二四〇	四〇	一五〇	○	○	○	○	一八〇	五四〇	三六〇	二八〇	一四〇	五四〇
三年级	上	三八〇	二四〇	一二〇	二〇〇	○	○	○	○	一二〇	一〇〇〇	三六〇	二八〇	一二〇	五四〇
三年级	下	三八〇	二四〇	一二〇	二四〇	○	○	○	○	一二〇	一〇〇〇	三六〇	二八〇	一二〇	五四〇
四年级	上	三〇〇	○	一二〇	一六〇	八〇	一二〇	一二〇	八〇	○	一〇〇〇	三六〇	二八〇	一二〇	五四〇
四年级	下	三〇〇	○	一二〇	一六〇	八〇	一二〇	一二〇	八〇	○	一〇〇〇	三六〇	二八〇	一二〇	五四〇
五年级	上	三〇〇	○	二四〇	二〇〇	二〇	二〇	○	八〇	○	一〇〇〇	三六〇	二八〇	一二〇	五四〇
五年级	下	三〇〇	○	二四〇	二〇〇	二〇	二〇	○	八〇	○	一〇〇〇	三六〇	二八〇	一二〇	五四〇

注
一、时间以分钟计算；
二、表上的社会活动时间主要的是集会时间，工作时间未计算在内；
三、科目、时间随情况变化，酌量增减。

第二表：五年级上学期秋季课程表

时间 ＼ 星期 科目	一	二	三	四	五	六	日
6：00	起身						
6：20—7：00	早会早操						
7：00—7：50	自习						
7：50	早饭						
8：30—9：20	语文						
9：30—10：10	珠算	笔算	珠算	笔算	珠算	笔算	
10：20—11：00	史地	生产知识	史地	生产知识	史地	生产知识	
11：10—11：50	自习						
11：50—12：10	休息						
12：10	午饭						
12：40—1：10	休息						
1：10—1：50	级会	作文	艺术	生产知识	艺术	时事	
2：00—2：40	生产劳动	卫生知识	生产劳动	卫生活动	生产劳动	作文	
2：50—3：30	生产劳动	艺术	生产劳动	卫生活动	生产劳动	作文	
3：40—4：20	生产劳动	自习	生产劳动	卫生活动	生产劳动	自习	
4：20—4：40	休息						
4：40	晚饭						
5：10—6：20	游戏						
6：30—7：00	晚会						
7：10—8：40	自习					休息	自习
8：50	睡觉						
9：00	熄灯						

每隔一星期，星期日学生假期，可以请假回家，访友、买东西。留校学员在校内，在教员指导下温习功课，到图书馆看书，在俱乐部、游戏场玩，料理自己的事务，大扫除，到校外参观游玩等。全体学生都留在校内的星期日也是这样。

第三表：三年级上学期秋季课程表

科目 星期 时间	一	二	三	四	五	六	日
6：00	起身						
6：20—7：00	早会早操						
7：00—7：50	自习						
7：50	早饭						
8：30—9：20	语文						
9：30—10：10	算术						
10：20—11：00	写字						
11：10—11：50	自习						
11：50—12：10	休息						和五年级相同
12：10	午饭						
12：40—1：10	休息						
1：10—1：50	级会	语文	时事	艺术	语文	艺术	
2：00—2：40	生产劳动	作文	生产劳动	卫生活动	生产劳动	作文	
2：50—3：30		艺术				作文	
3：40—4：20		自习				自习	
4：20—4：40	休息						
4：40	晚饭						
5：10—6：20	游戏						
6：30—7：00	晚会						
7：10—8：40	自习					休息	自习
8：50	睡觉						
9：00	熄灯						

第四表：一年级上学期秋季课程表

科目 星期 时间	一	二	三	四	五	六	日
6:30	起身						
6:30—7:00	清洁整理						和五年级相同
7:10—7:40	早操早会						
7:50	早饭						
8:40—9:20	语文						
9:30—10:10	写字						
10:20—11:00	艺术	算术	艺术	算术	艺术	算术	
11:10—11:50	自习						
11:50—12:10	休息						
12:10	午饭						
12:40—1:50	午睡						
2:00—2:40	语文						
2:50—3:30	生产	级会	生产	生活讲话	生产	卫生活动	
3:40—4:20		艺术		艺术			
4:20—4:40	休息						
4:40	晚饭						
5:10—6:20	游戏						
6:30—7:00	晚会						
7:10—7:40	整理被褥						
8:00	睡觉						
8:10	熄灯						

注：课程一章是到太行以后补写起来的，因为手边没有材料，以上四个表，凭记忆整理而成，可能和原表稍有出入。

一、实际是课程的基础：因为我们的孩子是脱离生产，离开家庭的，所以要经常指引他们参加生产劳动，社会活动，卫生活动，文娱活动等实际工作，文化课程经常注意与这些实际工作相联系。除此以外并联系现实的切近的生产建设、群众运动，抗日战争中的实际事物，以及孩子们已有的实际经验，将来参加生产劳动、革命斗争的实际应用，把文化课程生根在实际基础上。

二、语文课：一二三年级（初小）语文课包括读书、常识、说话，四五年级（高级）包括读书和说话。平常国语课教学容易偏于读书，忽视说话，实际说话是表达思想最常用的工具，对于思想锻炼，读书作文都有关系，虽然人人在生活中都能学会说话，但是要会做报告、讲演、开会发表意见，就需要经过教育，过去奴隶主、封建地主等，在教育上都很看重"语言"、"修辞"、"辩论"，学得能讲善吹，去夺取统治权力，欺骗劳动人民；旧知识份子，学会"夸夸其谈"去吓唬工农群众；现在我们需要反过来教育劳动人民和他们的儿女有足够的讲话能力，去揭穿反动的统治阶级阴谋诡计，驳倒一切假道理，把自己真实朴素的思想感情充分表达出来。我们除和读书教学配合培养孩子的说话能力以外，同时教孩子们讲故事、谈问题、做报告、讨论发言、讲演、辩论等。

三、写字课：一年级开始学写字，用铅笔、石笔、沙盘木笔等硬笔练习，二年级学用毛笔。二三年级写字时间逐渐增多，教学也要加强。经过三年写字教学，学生懂得一般写字法则，中字、小字也写得端正清楚，打下初步的基础。四年级以后没有写字课，完全让学生在作文、笔记、记录、写报告等实际应用中学习。教员指导他认真抄写，除了要求端正清楚以外，并练习写得迅速，及格式行间的排列适当等。

　　四、作文课：一年级就开始学习作文，作文和语文课的读书说话放在一起，生活中的简单事情，自己简单的思想感情，指导学生用语言说出来，再用自己所学会的文字写出来。字汇不够，词不达意，教员就帮他们添补上去；添补的新字新词，又可以作为读书教材。一个题材先用语言说出来加以组织修整，再用笔写成文字，对于初学作文的小孩子效果很好，所以我们把读书作文说话配合在一起教学。二年级除去语文课里配合教学以外，再增加一次作文练习。三年级以上每周有两次作文，一次是四十分钟，选取简明易写题材，不起草稿练习"速写"；一次是七十分钟至八十分钟，选取较丰富复杂题材，可以起草稿、翻书参考、反复修改，练习"精作"。作文题目不论教师出题或学生自拟，都是选取学生实际活动中的生动活泼的事实或问题为内容。作文次数可以看学生实际生活充实丰富或平凡单调酌量增减，不为一般规定所限制。

　　五、算术课：一年级以心算为基础学习简单笔算，二三年级逐渐加强笔算的学习，学完三年笔算，要达到整数四则、小数四则、度量衡、货币等基本算法，达到熟练正确，用来解决实际生活中的数目字的问题。四年级以后，除学习分数、百分、簿记等笔算以外，增加珠算课，并逐渐加强珠算的教学。务求学生在毕业以前能熟练地应用珠算加、减、乘、除等基本算法，计算实际生活中的算题。

　　六、史地课：四年级开始设史地课，四年级一年集中教学地理课，五年级一年集中教学历史课。在教学中间注意地理历史的互相间的联系和配合，在两年当中联系抗日战争中的边区地方，国内、国际的军事、政治、经济、文化实际情况学习，与中国革命关系密切的地理历史基本知识。

七、生产知识：把自然课和生产劳动联结起来成为学习生产知识技能，又用来指导生产劳动的"生产知识"课，并从实际生产劳动出发，引申到切近的农业、工业、自然现象的基本科学知识的学习。

八、卫生知识：从学生的实际饮食起居、疾病情况等具体问题出发，并与卫生活动、体操运动相结合，教育学生得到在现实的生活条件下最基本的保卫健康，预防疾病，锻炼体格的科学知识和能力。四年级以前卫生知识是语文课内容的一部分。

九、艺术课：我们把音乐、戏剧、舞蹈、绘画、雕刻、文艺欣赏等合并起来称为艺术课，从孩子们社会活动、文娱活动等的实际需要出发，视设备条件，教师条件便利与否，相机进行学习，低年级多上唱游，中高年级有时多学歌咏，有时也可以集中力量排演秧歌。在一般情况下歌咏、戏剧在艺术中应该占着重要地位。

十、自习：自习本身不是课程，但却是构成整个课程不可少的部分，我们的自习不是补白性质的让学生随便学习，而是在教师指导下让学生主动的应用这一部分时间发挥自己的优长，补足自己的缺短，去完成共同的和个别的学习计划。自动学习能力在这里培养，互相学习精神在这里发挥。年级的增高，自习的比重也跟着增加。

118~137

第十一章　教学活动

11.

教学活动

培养读书能力

教学生读书识字，目的在于教学生学到常用的字句文法，培养阅读能力，能够读书读报。以后自己不断的从书报上学到新知识，增加工作能力，解决工作中的实际问题，以便更有效的参加生产劳动、革命斗争，更有效的为劳动人民服务。

我们一方面用国语课本和教员编选的教材，教学生不断增加常用的字汇、词汇，学到一般文法。等到二年级，教员就指导他们用已经有了的一点读书能力，去看适合程度的书报。我们的小图书馆正是培养学生读书能力的地方，教员帮他们选书，告诉他们读书方法，有生字生词就记下来问教员。学生应用他们已有的读书能力去实地读书，在读书当中又提高了读书能力，语文课有了这一方面的配合，学生的进步就比较快，而且培养了学生的读书方法、习惯和兴趣。

二三年级学生练习看《边区群众报》，读完初小三年就要达到能看群众报的标准；四五年级学生学看《解放日报》，高小毕业，要大致上能看懂解放报上的一般消息和通讯。

配合生产、群运等实际工作的需要，指导学生找与工作有关的书报来看，帮助解决工作中的实际问题，种树的时候就读"怎样种树"，养蚕的时候就读"养蚕法"，演秧歌剧的时候就读秧歌剧本……这样不仅是在阅读中提高了读书能力，而且进一步应用读书能力，使用书报去帮助工作，解决实际问题，使学生领会到，我们并不是为读书而读书，学做书呆子和无聊文人。从读书读报上学到有用的知识，帮助工作解决实际问题，更有效的参加生产劳动、革命斗争，更有效的为劳动人民服务，才是对于"读书"的正确见解。

作文教学

关于学生作文指导，教师们曾座谈过几次。黑黎同志把大家的意见整理成一篇文章——"关于作文教学"，在边区教育通讯二卷一期上发表。看了这篇文章便可以了解我们这方面的一般情况，原文如后：

关于作文教学
——八路军抗属子弟学校国语业务学习小组的意见

黑黎

一、一个认识

充实学生生活，是指导学生作文时必须重视的一件事情。我们发觉：凡是学生参加一次实际活动，他作文时就有东西可写；凡是学生热烈的参加一次实际活动，他作文时就必有特色；凡是学生有机会多看些补充读物，他作文时语汇和笔调就显得丰富活泼。从去年到现在，我们这里先后发动学生成立图书馆、俱乐部、博物馆、合作社，又着手建设动物园、植物园；举行庆祝儿童节、防旱备荒、尊师、给事务人员祝寿，加强学校纪律、织袜子、闹秧歌等全校性的活动；带领学生参观三局（无线电台）、纺织厂、纸厂、火柴厂、光华农场及各种展览会；这些，对学生作文内容的充实，起着决定性的作用。这是我们在作文教学中的一个共同认识。

二、从出题写作说到批改

儿童有他自己的经历和爱好，教师一定要了解清楚，掌握他们的心理和爱好，然后出的题目，才能为他们所乐意接受。有时让学生自己出题，就是发现与适合学生爱好和需要的较好方法之一。

一般儿童是，最爱写他们实际活动中的东西，最爱写他们经常接触的一些事物，顺手打开学生的作文簿来看，凡是他们自己出的题目，大多是很具体、活泼、切合实际的。如："报纸上有我叔叔的名字"、"小调皮"、"我的转变"、"看戏"、"采集标本"、"毛主席回来了"、"割草队"、"讨厌的小老鼠"等。教员出题一些比较实际而又适合他们爱好的，也大都写得活泼生动。如："浇南瓜"、"修路"、"在图书馆里"、"晚饭后到河边磨石棋子记"、"小鱼儿的故事"、"苍蝇的自述"、"我们学校的'老白'（一只狗的称呼）"等。

从许多篇学生的作文来看，告诉我们出题要多样性。除叙述文以外，其他像诗歌、秧歌剧、唱词、人物素描、速写、游记等各类体裁，全可让学生去练习试作。题目的性质尽可以灵活些，包括的范围广些。如："我的××"、"读了××以后"、"给××的一封信"等，使学生有一定的题目遵循，又能得到选择内容的方便。

题目一定要早些拟出，以便从容思考与修改，有时还需要征求学生意见，再做最后决定。不要临时到课堂里去强拉硬凑，耽误时间，也不易把题目拟得妥当。出题时切忌空洞、笼统、古怪、离奇，大而无当与刻板枯燥。如"雨"、"梦"、"春天来了"、"晚上"、"从一支毛笔说起"、"时评"、"论中国局势"、"一月来生活学习总检讨"等。有些教员也许会觉得这些题目含蓄、新奇、正派、老当，但学生却感到含混、摸不着边际，莫明其妙与枯燥无味。至于每次作文出题多少，要看具体情形而定。如果要把学生程度的高低作一个比较，最好出一个题目；如果要发现学生的一些性格和爱好，不妨多出几个题；但平常一般以两个题目为适当。因为每次都出一个题，万一学生感到不合适，就无选择余地，每次都出题很多，又容易使学生看了这个想着那个，来回摇摆，不能决定。

在练习写作过程中，要训练学生保持课堂安静。这样才能展开思路，去深入细致思索。可是有一个问题一定要解决，就是学生问生字，教员怎样回答才好？一种办法是随问随把生字写在黑板上，令学生抄入作文本上；一种办法是先把生字空下，等全篇写完了，再站起来问教员，教员把所有的生字一齐写在黑板上令学生填入；还有一种办法，也是先把生字空下，等全篇写完了交作文时教员再个别指正，最后一种办法是谁写不上了，要先举手，教员走近旁边，低声发问，低声回答。第一种办法随问随答，比较方便，但课堂上容易紊乱；第二种办法比较整齐划一，但把作文中空了许多白格子，容易使学生心理上感到不安，或临时改用别的字，等到让他问时，反而把原来想用的字忘了；第三种办法个别指正比较细致，但和第二种办法有同样的毛病，并且在学生未交作文前，教员白坐着没事干；只有第四种办法既兼有以上三种办法的优点，又可避免以上三种办法的缺点，比较完善。

作文时间，每隔一次或几次，可抽一次延长时间，使学生充分思索，发挥才能，写出文章会比较深刻，篇幅也能展开。

打不打草稿，也是学生练习写作中的一个问题。打草稿写得慢，但字能写得清楚，也能使学生多去思索，写出的文字周密。不打草稿写得快，能锻炼思想迅速，但字容易写得草率，写出的文字也不容易周密深刻。两者各有利害，不能单独过分强调一方面，要看具体情况，灵活运用。比如有些孩子动作迟缓拖拉，经常不能按时交卷，就应当指导他不打草稿，写作迅速些；有些调皮孩子，敷衍了事，字和文章写得都很潦草，两节作文课，上了一节就交卷跑了，就应当督促他打草稿写得仔细些；有些孩子原来就不打草稿，作文也能认真仔细，就不必再要他打草稿；有些孩子一向就有打草稿的习惯，交作文只是稍慢一点，并不过长拖延时间，就不必一定不让他打草稿。

关于批改首先应该注意到这几点：1.早改早发，作文簿不要在教员那里多存，要在学生那里多存；2.批改前先把全文看一遍，批改后再把全文看一遍；3.要顺学生的意思加以修理，不要照教员的意思大事增删；4.虚心听从学生意见，冷静考虑批改过的作文，多余的还可以去掉，不足的还可以添上，错误的还可以改正。

再谈一谈批改时的一些具体方法：

（一）把学生叫来当面批改指点，是个仔细办法，但不可能普遍运用，因为费时间很难经常做到。

（二）一篇作文批改后将所有的错别字统计出来，写在题目下面，既可以引起学生注意，又便于总的统计。

（三）订个小本子放在手边，改作文时，发觉特别好的句子，特别不通的句子，经常写错写别的字，又其他各种突出的例子，都记载下来，遇有时间，就向学生讲解，收效很快。

（四）批改时，发觉个别段落、句子有错的，不实际的，思想不正确的，或好的，词句生动的，随手加小批说明。每篇末尾若加总批，要具体指出优点和努力方向。批字要写端正，批语要温和婉转。如指出缺点时，就不要恶狠狠的说："太糟糕！"或"简直要不得！"应该说："可惜你没怎样做。"或"如果你怎样做就更好"。这样一方面也明白指出缺点和不够的地方，一方面也不致伤害学生的自尊心和进取心。切忌文绉、空洞、笼统的批语，如"尚佳"、"还好"、"颇有进步"、"好孩子"之类。

（五）我们通常用的有这几种记号：错字打×，别字打—或＝，在本头上画□让学生填错字，画＝让学生填别字，估计学生不会写教员就代填出来，掉字处打〈，也让学生自己填，掉句打{，颠倒了两个字打——，成句打⌣，好句旁边打……，够句处打双圈，分段不清楚画个↑拉上去表示另起一段，↓拉下来表示要低格。至于表示作文好坏记号共有四种：一、打分数；二、打甲乙丙；三、打上中下；四、打圆圈和圆点，三个点等于一个圈，三个圈等于甲，三个圈以上等于甲上，三个圈以下等于乙丙之类。四种记号到学期结束时，都可以化为分数来评定，作用都一样，可以自由选用，自然能够统一还是更好。

三、再谈几个指导方法

除了出题和批改的一些意见和方法外，还有几个指导方法，再提出来谈一谈：

　　（一）打破课堂界限，哪里都可以教学，趁学生到校外散步、旅行及其他各种活动的机会，来锻炼孩子造句，引起他们对于周围各种事物的认识，有时见景生情。也可以给他们讲解点现成诗文，这都能培养他们作文的兴趣。六七月间，学生中的农业组到山上锄庄稼，晒得满头汗流，教员就给他们背诵和讲解唐诗："锄禾日当午，汗滴禾下土，谁知盘中餐，粒粒皆辛苦。"大家听了很感兴趣，很快就会背了。秋天里学生种的南瓜结了一地，晚饭后他们去看，教员稍加启发，他们的兴头就来了。在南瓜上刻着："劳动的果实"、"自己动手、丰衣足食"、"黄金果"、"血汗的收获"、"生产打仗，争取胜利，好过太平年。"

　　（二）鼓励学生讲故事，是帮助学生作文写得通顺和展开篇幅的一个好办法。故事要学生自己去编去找书看，教员只加指导，不轻易教给他们故事。

　　（三）较好的作文，登黑板报，贴在教室里墙上，向大家朗诵，或抄代表作，交学校留存，作为表扬。提倡互相传阅，互相学习，打破把自己作文收拾起来不给别人看的习惯。

　　（四）利用讲过的课文或学生作文详细分析，来回颠倒，反复解说，使学生明白：每篇文章可以有许多段，每段只有一个中心意思，几个意思不能做成一段，一个意思不能分作几段，别人未分段的文章可以拿来让他分段。让学生明白：一个题目可以有几种做法，不是简单的、固定的一种形式。借以克服学生作文时拘谨、思想机械的毛病。

（五）督促或规定学生订造句和记载生字名词的小本子，把学过的国语课中的名词、术语、形容词、转折词、联系词等造成句子，把看报读书不懂的词句生字记载下来，等有时间，再查字典问同学和先生。

（六）一二年级学生认字很少，有时为了打开他们的思路，扩张作文篇幅，可以让他先写错别字，以后再替他改正，但到了中高年级就要抓紧纠正错别字。办法：1.默写国语上常用的字；2.批改作文时经常提醒；3.错别字扣分；4.拿错别字让学生造句——口头的和笔写的，普遍发生的大家都造，个别的个别造。如这里学生常肯写别的：有又、在再、道到、像向、想相、正阵等，经过反复造句，就逐渐纠正了。

（七）标点符号很重要，尤其像逗点、句点、问号、惊叹号、冒号、引号、删节号等经常要用，所以要教学生学会使用。

1. 使学生了解标点符号的重要，可以用一些民间流传的关于文字不加标点符号弄反了意思的笑话，来引起学生学习标点符号的兴趣。例如：行路人等不得在此小便，可读作："行路人等，不得在此小便。"也可以读作："行路人，等不得，在此小便。"又如：今年好霉气少不得打官司做酒缸缸好醋酸喂猪喂成象老鼠死清（可以读成吉利的，也可以读成不吉利的）。

2. 通俗讲解标点符号的意义，如冒号本是表示概括下文或总结上文的。可以说他像帽子又像包单，用在上面就像帽子，用在下面就像包单。有些标点可以形象化起来，使学生便于记忆。如"，"像蝌蚪，"、"像瓜籽，"？"像张开嘴巴在问人。

3. 每学一课，指出其中标点，让学生看别人是怎样运用的。

4. 改作文时认真纠正学生不用标点，或错用了标点。

写不好再重来

二三年级逐渐加强写字教学，打下写字能力的基础。教师马光明同志等，对于写字教学很认真，学生每天规定的作业按照督促批改，经过一年半，学生写字能力达到端正清楚的水平。到了四、五年级在实际应用中练习写字，可是教师一放松，学生的作文、笔记等便抄写得马虎潦草。我们的办法就是遇到学生不认真抄写，就教他重抄一遍，一直到认为达到他的写字能力标准为止。有一回，教三年级赵景斌等几个学生写新年秧歌往各机关演出的通知信，第一回写得不能用，再写第二回，第二回还不行，又重抄一遍。经过几次磨练，就显著的写得好起来。和实际活动相结合以后学生写字应用练习的机会增多了，只要不忘记指导督促，写字进步是会快起来的。我们的写字练习着重三分左右见方到六分左右见方的小字中字，因为这样大小的字，在实际应用中较多。

说话教学容易忽视

一般教师都容易侧重学生的读书、作文、写字教学，而忽视说话教学，虽然在实际活动中尽多说话教学的机会，如：做主席、做报告、谈话、讨论、批评、讲演等。有实际基础的讲，是有内容的讲话，并不会成为讲空话，可是我们多半让他自流了，没有普遍地把握时机，进行指导，收得较大的效果。

珠算课程计划还没完成

算术教学着重在实际生活学习中应用较多的基本法则的教学和练习；对于不切实际带游戏性质的习题，如"鸡兔同笼"、"父子年龄"等，避免采取。练习题目跟我们实际的生产劳动、社会活动，环境中的实际问题注意取得联系，例如讲到地亩测量，就带孩子到田里，实际去量、去计算；学习簿记的时候，就把学校里会计所用的各种簿记、表册拿来让学生研究，并练习计算。但是并不拘泥于这一类的联系，在今后实际工作、学习上所必需的算法仍旧按照计划教孩子们学习。

珠算是切合工农需要的一种优点很多的算术，实际应用中比笔算来得便利，可是有很多旧学校里培养出来的知识份子，笔算能算高等数学，可是拿起算盘就不会打。我们课程计划虽然尽量提高珠算地位，希望学生毕业之后，能熟练地应用珠算，计算普通算题，这个计划还没能完成。学生虽然学会加、减、乘、除等基本算法，可是打起来总是很慢，很生疏。一方面因为教员中多数不会教珠算，有个把会的，打起算盘也是别别扭扭。同时应当承认我们对于这门功课，还不够重视。

生产知识课的尝试

我们把自然教学和生产劳动，密切的配合起来；叫做生产知识，由屠忠顺同志指导，她同时领导全校生产劳动，像种蔬菜、种庄稼、纺纱、染色、养蚕、养蜂、养鸡、种树等，她不但讲书本知识，而且指导学生实地去做。对于学校周围的庄稼、蔬菜、牲口、药用植物、害鸟、益鸟、害虫、益虫，山上的各种矿石、煤铁以及冰、雪、云、雾、日、月、星辰……都是孩子们所常见而熟识的实际事物，也选择来作为活的教材，剪刀、斧头、纺车、斗、秤、时辰钟、体温表、火炉、蒸笼、锁、灯、肥皂、火柴等工具、用具，同时也能当作教具。另外对于气象、天体、物理、化学等常识，也选择些在孩子们的经验基础上能够体验理解，今后应用比较多的来教学。有时也带着孩子到工厂、农场去参观、学习。去年十月开始，发动孩子创造一个小小的博物馆，搜集了各种挂图、画片、标本，陈列起来，作为教学自然的一个小小的实验室，便利学习研究。孩子们在自己动手建立小博物馆的过程中，一面搜集制作，一面学习研究实际，也就是一个科学教育过程。又在学生中选择几个对于自然科学特别有兴趣的孩子来管理博物馆，使他们得到较多的培养。

培养特殊才能

在各种活动中，发现许多有特殊才能的孩子。杨海庚是一个十二岁的男孩，平常学习不用功，爱打架、爱胡闹，衣服也穿得很脏，不懂得料理生活。可是这次秧歌活动中间，显出了他对于打鼓特别有才能，他打的节奏非常准确好听，连熟练的老手也赶他不上。佟一匡，十一岁的男孩，平常生活拖沓，先生批评他也满不在乎，功课不好，可是他很爱看戏。这次秧歌活动中，他参加"生产舞"的表演，歌词有五六十句，他先在旁边听别人唱，后来只听先生教一遍就会唱了，表演也很成功。同时发现曲志宏、林从吉等，也都很有表演才能；其他像乐队、化妆，也都看出好些孩子，特别有才能。秧歌活动以后，好些孩子把秧歌剧的各个场面、角色绘成图画，在壁报上登载出来，又发现一些有绘画才能的孩子。在建设博物馆的时候，在生产活动中，也发现不少对研究科学有才能的孩子。在学生会服务团里，也发现对于壁报编辑，管理图书，护理病人，组织领导等特别能干的；这一类的孩子，除一般教育以外，同时注意他们的特殊才能发展，现在的办法就是把他们组织在秧歌队、乐队、图书馆、博物馆、医务所、学生会、服务团等实际工作里，给他们较多的学习机会、便利条件和指导。我们正计划成立一个美术室，选择美术方面有特殊才能的孩子，利用闲暇多学学绘画、木刻等。我们打算使各个孩子都学会一两桩小本领，使他们在小学毕业之后，即使不升学，也可以有一技之长为人民服务。

方法上的摸索

我们的教师都是来自各方，各有各的经验，虽然谁都承认教学应该联系人民、联系实际，可是在教学活动中间，还是各人凭着自己的想法在摸索。有的是做对了，有的虽然口头上承认联系人民、联系实际，可是还是采用十年前或二十三十年前，他受教育时候所经验过的老办法，旧学校的、教会学校的、救亡团体的、乡村私塾的、部队里面的……教育方法作风，我们都有，所幸大家为人民服务的热情高，研究精神好，愿意在工作中找寻新的道路，逐渐用生动进步的方法，代替落后陈腐的方法。在教导科领导下，组织各科业务学习小组，每隔一星期开一次教学方法座谈会，每次以一个问题或一个科目做中心，交换经验，研究方法技术，每开一次会，对于所讨论的事情，总可以得到一些改进。

我国私塾教学基本上是封建落后的注入式的教学方法，但是它在个别方法上也有可取的地方；例如依照孩子年龄、智力、学历的不同，实行个别教学，比机械划一的班级教学就来得适合；所以我们除班级的一般教学以外，特别加强个别指导；作文、习字批改用的圈、点，很能鼓舞启发学生，我们也采取他这一方面的长处；私塾里每本书都要死念死背固然不好，学生读书，完全不念不背，走马而不看花的方法也难得益；我们一方面要使孩子理解课文的大意、要点，同时也选择重要的一篇或一段，也要念要背。"念"与"背"并不坏，坏在"死"念、"死"背，把死念死背，变成"活"念"活"背，就变成很有效的教育方法了。大学生帮助先生教小学生，在私塾里也是常用的，我们所用的小先生制，实际就是这种方法的发展。其他像"学而不厌，诲人不倦"，"学而时习之"，以及看重学问，好学勤读的学习精神等，都可以站在劳动人民的立场、观点上加以改造和发挥，从封建的冬烘私塾里我们就可以接受不少遗产，把它"化"做我们的好方法；至于从外国介绍进来的：直观教学法、蒙台梭利教学法、道尔顿制、设计教学法、国内的俞子夷氏的各科教学法，陈鹤琴氏的幼稚教育法，以及陶行知先生的"教学做合一"，小先生制等，包含着不少科学的教育法则。我们也应当仔细的学习研究加以提炼、改造和发扬。解放区近年来创造出很多联系人民、联系实际的教育方法，我们更加应该好好的学习。过去一年多，我们虽然组织了业务学习，可是所学习和应用的还不多，今后是应该继续努力。

实事求是的教学作风

多数教员们在教学上都很认真负责，上课前多做充分的准备，上课的时候，无论讲解、讨论、练习、实地操作，务必使孩子了解清楚，切实完成；作业认真检查督促，教他们按时交卷，用心写、作，不容许一次又一次的马虎过去。作业交来以后，教员认真批改，按时发给学生，也不马虎拖沓。自习课教员也到教室里指导学生做作业。至于随便缺课、请假、迟到、早退、上课敷衍塞责的情形是少有的。教员教学具有认真负责实事求是的精神，学生也就容易养成做功课认真负责实事求是的风气。

怎样启发

如果教学能真正联系实际，实际活动中的许多事物，对于孩子就是切实有力的启发，也就是自然存在着的动机和目的，教员只要有计划的加以把握运用，就能够对孩子产生启发作用，无需费煞苦心的凭空去"引起动机"。譬如在春季种树的时候，学习关于种树的科学知识和文艺作品，或表演种树的秧歌，种树这个实际活动，本身就启发了孩子的求知、欣赏、表演的兴趣；再由于实际行动中的体验、印证，无论是求知也好、欣赏也好、表演也好，都会更加体会深刻。再如：到了新年，整个的延安社会环境，就会启发孩子起来闹秧歌，在秧歌活动中间，孩子们读剧本、学歌曲、学乐器、学化妆，都会很自动的、很积极的、有目的干起来，教员只要因势利导，就会收到教学上的效果。秧歌活动以后，他们写起作文来，画起画来，也就自然而然的会选出秧歌活动中生动活泼的场面和故事，作为作文、绘画的内容。只要教学真正能联系实际，放手指引孩子去行动，去思考，孩子的学习自动性也就很容易提高起来。

读书指导

有一个时期，是自流的让孩子们去图书馆里读书、读报，虽然图书馆里常常坐满了小读者，读书风气很热火，但是其中还存在着问题，因为真正没有毛病，适合孩子们读的书还很少，让孩子自己乱看，就会看些不适合的书报，受到地主、资产阶级的思想影响。经过检讨以后，决定对于孩子们的书报选择，怎样做读书笔记，解答疑难和词典、字典的应用，读书方法的讲求等，都由级任教员有计划的加以指导，并注意督促和检查；要求达到读一篇有一篇心得，读一本有一本的效果，避免阅读不适合的书报，受到不良影响，或随便乱翻养成过而不留的坏习惯。

培养自动学习和互相学习的精神

好学不厌，肯教人、肯向别人学习，是学习上的两种重要精神，教育上应当注意这两种精神的培养，我们在这一方面得到一些经验，教学联系实际以后这种精神便容易培养。学生有实际目的的学习，从实际引导出来学习，学习便有积极性。在实际活动中间，不会的必须向人学习，会的必须把不会的教会，共同的工作学习才能向前进行；思想上再教育学生懂得自动学习，肯帮助别人肯向别人学习的重要，打破依赖心理，个人主义，耻于向人求教等思想上的障碍，使学生自觉的提高这种精神。另外再增加书报、工具、农具、乐器、画具等学习设备，使学生想读书，就有书读；想学木工，就有斧头锯子；想学乐器，就借到胡琴笛子。同时在学习上建立学习小组，互助小组，"小先生"制等互助组织，使培养这种精神，有物质条件和实际组织。在学习活动中培养典型，奖励典型，经过一个时期以后，逐渐造成风气；好学互助成为校风以后，具备这种精神的学生，就一天一天增加起来了。

倾听孩子们的意见

教师们常常听取孩子们的意见和学习要求，反省自己所采取的教学方法，来改进自己的教学。教员韩作黎同志在他的教学日记上写着这样一段：

七月二十四日　星期四　　　天气晴

今天在上国语课的时候，征求孩子们对我教国语课的意见，叫他们有一说一，有二说二，不要顾情面，对先生的缺点不好意思提，讲错也不要紧。结果大家发言很踊跃、真实，很可以作为我国语教学上的一面镜子。现在把他们的意见整理一下，写在下面，作为今后改进教学的参考。

缺点：一、时事讲得少（五人提）；二、生字注意不够（六人提）；三、才开学的时候，讲得太快（二人提）；四、国语练习太少（二人提）；五、批改作文，以前字写得有些草（二人提）；六、对于作文的缺点批评少（二人提）；七、作文上打圈子，应该给大家讲明是代表什么的？（一人提）；八、作文批语少（一人提）；九、提议以后作文上多加小批——眉批（一人提）；十、提议多选同学的好作文读给大家听（一人提）；十一、选的文章有的生字太多，如"霜夜"等（一人提）。

优点：一、讲得清楚详细（五人提）；二、常讲与课文有关的故事和各种事情，大家听得很有兴趣（二人提）；三、常读报（按即指《解放日报》副刊）（一人提）；四、能注意每课生字会写会讲（一人提）；五、作文批改详细，能展开批评

（三人提）。

注意功课的分量

在学生学习情绪高，教师教学认真，再加上生产、工作等活动，很容易使孩子们（教员也是同样的）负担太重、过于辛劳影响健康；学校方面要注意配合、调和、控制，这方面忙的时候，另外方面就要减轻或停止，务必让孩子们有足够休息和玩的时间。学习是长期性的，不要只顾一时拼命，操之过急，反会受损失。

成绩考查

我们也有学期考试和临时测验，但它并不占重要地位，我们把孩子们平时实际工作，学习活动的活成绩随时考查记载（每一个教员都有一本成绩记载簿子），作为学生成绩的主要部分。同时再配合上临时测验和学期考试。我们承认这种考试只要应用得当，对于督促、检查、复习也有相当作用。不过要使考试在孩子思想上有正确的认识，教员平时也不用"扣分数"作为武器来威吓孩子，把考试弄得很神秘；因此考试在我们孩子的心目中，看得比较平常，考就考，考好就考好，考不出就考不出。有时在考试前虽然也有准备，但"平时不烧香，临时抱佛脚"的怪现象是没有的。有时先把题目多出一些让学生温习准备，再从中选择几个题目来考，在考试的课堂上，没有递纸条、偷看书、抄袭别人的怪现象；先生出完题目，走到别处去做事也不要紧，倘若有个别学生不遵守考试规则的情况，就要受到同学们的纠正和批评。

成绩报告表与毕业文凭

在学期终了，给家长的成绩报告表，我们依照教育实施情况，制成一种表格，成绩表上除掉文化课程的记载以外，对于孩子在生产中、社会活动中的思想行为具体表现，都详细的把优点、缺点写在上面，另外对于健康状况，也有具体说明，这样，使家长可以全面的了解自己的孩子在学校里的生活、学习情况（附表）。

过去的毕业证书是官样文章，上面写着："学生×××，系××省××县人，现年××岁，在本校修业期满，考查成绩及格；准予毕业，此证。"别人看到这张证书，除掉晓得这个学生在什么学校毕业以外，再也了解不到更多的具体的事情。我们的毕业证书，除了说明他的年龄、籍贯、在本校毕业以外，同样的把他的学业成绩，在生产劳动、社会活动中所表现的品质，以及健康状况，列成一个详细的表加在上面；使得以后他升学或参加工作，主管机关看到这张证书，就可以全面了解他的长处和短处，宜于做什么？宜于学什么？作为决定他工作学习的重要参考。

过去一年多，我们的时间精力花在行政事务、建设活动方面较多，使学校粗具规模、学习生活较有秩序。课程、教材和教学活动，是比较细致的工作，过去所做的仅仅是开始向前摸索。我们曾提出："一九四五年是我们工作打下基础的一年，一九四六年应当是深入提高的一年"；我们计划在四六年要"深耕细作"，把课程、教材教学活动的研究，放到重要的地位上。

八路军抗属子弟学校

×年级第×学期学生×××成绩报告表

文 化 课 程	科目	国语			算 术	史 地	自 然	艺 术	总评	
		语 文	作 文	写 字					分数	
	分数								等第	
	比较	%	%	%	%	%	%	%	名次	
生 活 表 现										
生 产 劳 动										
健康 状态										
备注										

校长：宁　越　教导科长：王新生 彭　迪　级任：×××

中华民国××年×月×日

138~145

第十二章　师生之间

12.

师生之间

当学校里各种工作没上轨道的时候，许多学生曾不喜欢学校，不尊敬教师，同学之间也争吵不休，同时引起教师讨厌学生的情绪。等到学校里生活、学习、工作、游戏逐渐走上轨道以后，学生对于教师，对于同学，对于学校，以及教师对待学生，在思想上感情上也就起了变化，打架骂人，闹小宗派等不良的现象逐渐减少了，代替这些坏现象的是严正的检讨批评，和友爱团结的和谐气氛。虽然不能说学校已经像一个长进和睦的家庭，却可以说正在走向一个长进和睦的家庭。

在平时

每到开饭的时候，大些的孩子不会忘记去拿教员的碗筷，替教员打菜盛饭；有时已经把教员的菜饭打好了，但有些孩子没有看见，便互相询问着："给先生打菜没有？"中间有一个回答着"打了。"这才散去照顾他们自己的事情。

低年级的孩子，对他们的保姆，或是对于女教员，常常会有两三种称呼：有时叫"先生"，有时叫"阿姨"，有时叫"妈妈"，有时叫"奶奶"（对于年老人）。

孩子们从亲友处或家里带来一些吃的东西，常要送一点给教员尝尝，有时怕教员不肯要，就一声不响的往教员口袋里一塞，笑嘻嘻的跑掉了；顺手一摸，不是两颗果子，就是几颗花生。

平常孩子在校外玩耍，天晚了或是玩够了的时候，他们便会很自然的互相邀约着说："走，回家，回家吧！"于是他们就慢慢的走回学校来了。

在病中

当教员病了的时候，有些孩子会默默地给教员打水、送饭，有时还会走到床边，用小手摸着教员的额头，拉着教员的手问这问那，这时一个做教育工作的人常常受到感动和安慰。

孩子所以对先生这样的有感情，正是因为教员们辛勤工作，教育了孩子。从孩子的日记里，可以看到教员是怎么样对待他们，而他们对于教员的印象又是怎样的：

一个病人 　　　　肖丁（十一岁女孩）

在一个月色朦胧的晚上，熄灯哨子早已吹过了，每一个号舍都睡得静悄悄的，只有我们号舍和隔壁号舍的同学还没有睡，大家非常严肃。暗弱的小油灯下，躺着一个病人，黄黄的脸色，额头上盖着一块白布，长长的黑发，垂在床边。两个小看护问他："雅声！你喝不喝水？"可是，她不答应，只是低声的哭着。这时两个号舍的人都着了慌，把口罩戴起，谁也不敢去睡觉。

过了一会儿，看见范先生、吴先生和刘管理员拿着绳子、杠子、门板跑上山来，要把病人抬去医院，因为抬担架的工人夜里找不到，急得马先生没办法，嘴里说："孩子的病这么重，还不快一点，没人抬，我们自己抬罢！"那时已经夜深了，马先生、王先生和路先生，急忙给病人搬着被褥，吴先生和马先生便把病人抬走了，大家这才安心的回到自己号舍睡觉。

第二天天快亮了，吴先生、马先生才回来，我看到先生这样的爱护同学，深深地觉得同学真应该尊敬先生，感谢先生。

我们的级任韩先生　　　郝小玲

韩先生他的个子高高的、瘦瘦的，穿着一身公家发的蓝布旧衣，戴一顶学生帽，走起路来很快，脚步声很大，也很有精神，从他那面孔上来看，很像一个忠厚的农民呢！

星期日，不论是什么时候，只要你从他那窑走过，就会听到有喻喻喻……的声音，那就是他在纺纱呢。

有一天晚上，外面轰轰的打着大雷，我和别的几个同学在他的窑里坐着。

"韩先生！没有意见了。"

"慢慢的想一想，看还有没有？"

这是一个很黑的晚上，他叫我们给他提意见，大家都没有了，他还叫我们慢慢的想一想。同样的，当我们犯了错误的时候，他也是严肃认真的批评我们。

他指导俱乐部的工作也很好，常常问我们有什么困难？要是有，他便指导我们很好的解决了。

有一天早上，王悦说："小玲有病了。"他还没睁开眼，听到这一声，一骨碌就起来了，赶快去请医生，打水、问头晕不晕。

像这样的先生，我们是应该敬爱的。

会不会淋雨啊

备荒的时候，教员们到农场去抢种糜子，他们早上出发，中午就落了一阵雨，孩子们在家里记挂他们的先生，纷纷的议论着："他们在路上，会不会淋雨啊？"有些级任教员到农场去了，孩子们都能照着教员临走叮嘱的话去做，自动的遵守作息时间，上课和自习的时候，也相当安静，并且写很多信，慰问上山的教员和报告他们自己的生活、学习情形。四年级孩子李溶的信上说："我们每天都在想念着你，脑海里常常出现你那幅和蔼的面貌，你走的那天，中午下了雨，我们非常担心，怕你在路上不好走。"三年级孩子马瑞生的信里说："你走以后，我们都能自己管理自己，你的身体好不好？请你多注意，开荒种地要多喝开水，免得生病。"当教员们快从农场回来的时候，孩子们就天天在盼望了。教员们回来的那一天，还没走进学校门，首先看到了的孩子就跑着、叫着给大家报信，山坡上顿时热闹起来，到处发出亲热的欢呼。开荒的人们虽然被六月的太阳晒得红黑，半个月的劳动已经很疲劳，但是在孩子们的热烈欢迎声中，什么都忘记了，大家高高兴兴的拿出自己从山上采回来的杏子、野果、野花分送给孩子们，这更增加了孩子们的快乐。

为什么要借两本呢？

田青生腮腺炎住在医务所里，小玲天天去看她。小玲向教育厅住在学校研究教材的刘御同志借故事书看，她每次都借两本。刘御同志问她："为什么一个人要看两本呢？"她说："这一本是替田青借的。"刘御同志也深为她们友爱的精神所感动。

假期在学校里过吧

孩子们有些是父母在延安工作或学习的。好些孩子在假期不愿意回家，也有个别家长派人来接，要经过教员劝说才肯回去的；有的寒假、暑假都留在学校里过的。秦钢（九岁男孩）和新华（七岁女孩）寒假在家里过不多久，他妈妈就写信给学校说："孩子们觉得学校里比家里好玩，要求回学校，希望学校允许他们在开学以前就送回来。"傅维芳（七岁女孩）寒假在家里也是整天吵着要回学校。袁庆生（九岁女孩）寒假时家里来接，她坚持要在学校里过寒假，家里同意了，她就没回去。

别离

抗战胜利以后，有些在前方工作和到前方去的家长，纷纷把孩子接走了，孩子临走的时候，往往是含着眼泪，去向校长、教员、保姆、同学告别，大家叮嘱他们路上注意身体，勉励他们以后用功学习，努力为人民服务，也很难过的送他们走出校门，好些女孩子哭得很厉害。张皖中（七岁男孩）临离开学校的时候，怀里抱着自己的一个小皮箱，从山上找到山下，要把他的小皮箱送给他的先生；晚上他睡在王家坪，夜里还哭着要先生。四年级同学杨寄萍走了以后，她同班的同学，就写了这样一篇日记：

同学杨寄萍的走

今天中午，暖和的太阳晒在我们身上，同学们的脸上，都显出微微的笑容。今天是十月革命节，学校放假两天，好些同学准备回家，所以忙的手脚不停，在整理自己要带回家的东西，就在这时忽然杨寄萍气喘喘的跑上山来，大家一看这情形，都很惊讶：

"你怎么啦？"

"我爸爸来啦，他接我回去，十三号就要到东北去。"

"不要骗人。"同学们说。

"真的，不骗你们。"

大家刚一听到这个消息，都不相信，可是一出门就看见收发室门口有一匹马，并且还看见了她的父亲，这时大家才相信了。

当我们知道她真的要走时，每个人有说不出的难过。大家相处在一起快三年了，今天忽然分离，真是恋恋不舍。

房子里静了好久，没一个人说话，后来一个同学说：

"你走了可要给我们来信啊！不要忘记了一同学习、生活了三年的同学。"

说完了以后，每个人的眼眶里都含着满眶的热泪。

东西收拾好，我们便帮她搬下山来，放在马上。这时什么都收拾好了，大家便告诉她说："明天不走还来玩啊！"

她走了，我们一直看到连她的影子都看不见了，才慢慢的走上山来。

病中的怀念

有些孩子生病，送到医院里去医治。病刚好些，就吵着要回学校。李溶（十二岁男孩）生病，刚送进医院，医生叫他住下，他说："我头也不痛，肚也不痛，一点病没有……"硬要回学校；医生被他缠得没办法，只好让他回来。因为学校里的医生觉得他必须住院，再三劝说，又把他送回医院。五年级学生王育英（十四岁女孩）生病住在医院里的时候，非常想念学校、想念先生和同学。当她病好出院的时候，便飞也似的跑回学校。在她的日记里，写下她在病院中的心情：

怀念着我的学校

"嗯！我今天要回学校了。"心里暗暗地想，得意极了。吃过早饭，我飞也似的走出了中央医院的大门，像要回到离别多年的故乡似的，恨不得长两个翅膀一下飞到。

我在医院整天想回学校和同学们在一块学习、玩。有一天夜里我在梦中回到了学校，和同学们一起跳绳、打扑克，何先生给我们讲了许多故事。……后来因过分的高兴而惊醒。睁眼一看，并没有同学和何先生，四处都是黑魆魆的，我独自的躺在床上，顿时心里非常难过，泪不由自主的涌出了眼眶。

突然门开了，原来是一个穿着白衣服，戴着白帽子的护士，她提着一个开水壶进来，她说："小鬼，喝开水吧；好好的休息，病就会很快的好了……"我在这里，医生和护士虽然对我很好，但是我的心却想着学校，像想离别多年的父母一样。我唯一的希望就是"回校"。

现在我已回到学校了，我的心里感觉到快乐和安慰。

如果学校，像一个长进和睦的家庭，那么，谁住在这里，谁感觉到快乐；谁离开这里，谁感觉到伤悲。

146~170

第十三章　工作和做工作的人

13.

工作和做工作的人

教育着两百个孩子的学校，同时又是养育着两百个孩子的大家庭，工作繁琐而实际，把一所学校办好，和办好一个工厂、农场，或一个地方的政务，同样的需要站稳阶级立场，坚忍而努力的埋头工作。

组织和计划

在我们学校里，教员、事务工作人员、保姆、炊事员、运输员、生产员一起就有五十个左右，因为人比较多，不仅要有领导骨干，还需要有朴素而健全的组织和各种工作制度。从思想上、从组织上减少最能破坏工作力量的人事纠纷，把一个个的人，这一部分和那一部分，上级和下级……安排在适当的位置上，在工作中联结成不可分的、互相配调的、有机的工作机构。一般工作的原则和方法，在这里也都要遵守、掌握；及时的计划工作、检查工作、调整机构、处理人事上的问题；在集体行动中，发挥每个工作者的力量，才能把学校办好。前面已经谈过，在学校的建设中，孩子的力量，是应该正确的计算在内的。

同时要把学校办成什么样子，领导上应该根据具体情况，集中大家意见（教职员、学生和事务人员），先有一个图样，作为共同努力的目标。这样便一个阶段、一个阶段有计划的把学校建设起来。这种建设学校的计划，应该明确、具体，在工作中再不断的检讨、修正，对于每个具体的实施，都应该先有一个打算和设想，有明确的计划，大家也就不会迷失方向，我们除去有建设学校总的计划以外，每年、每学期、每月，全校、各部门、都按时经过商讨，制订工作计划。

要看重总务工作

我们的物质生活很困难，在衣、食、住、行、生产、供给、卫生保健方面要做很大的努力。在这里，总务工作的担子很重，也很要紧。因此总务科也就需要更加健全、得力，订计划、出主意、发展生产、注意节约，把家务搞得富裕起来，把孩子们和工作人员的生活搞好，教育实施才有基础。一餐饭吃得愉快，工作、学习都会显得分外有精神。我们曾经有一个时期，因为总务工作配合不上，使教学活动受牵制，教育效力低减，影响到整个学校的进步，应当作为教训。

从研究争辩来统一认识

在工作中间，对于事情认识上的意见分歧，一定会有的。因为我们的教职员出身成份不同，来自东、南、西、北各个不同的地方，有大学生、有中学生、有小学生，有多年在农村里做群众工作、教育工作的，也有来自城市的救亡青年和习惯于城市工作的同志，有教过十几年书的老教员，有刚出学校门的青年学生，也有来自部队的革命军人……要想这样一群经验不同的人，一开始对于工作就有统一的认识，那是不可能的。所以在许多实际问题上，常常发生意见的分歧。这些分歧的意见，领导上倘能指引同志们研究讨论，从思想上运用大家的智慧来解决问题，不但不会有什么害处，而且可以成为推进工作不可少的力量——在研究、探讨、争论中提高了认识，统一了步调，把工作向前推进一步；反过来说，倘若处理得不得当也会成为破坏工作力，讨厌的人事纠纷；所以领导上必须把它作为工作中重要的关键来把握，好好处理，不要害怕斗争，也不可以粗忽。

一个实例

前面曾经谈到，三年——一个从前方回来的十五岁男孩子指使七个小同学，偷同学的衣服、文具、勺子，偷偷地把别的同学种在号舍门前的花拔掉，暗中把灯油倒在女同学的被子上，晚上躲在黑地里扔土块吓唬胆小的女同学，把同学们的杯子、盆子、碗打烂，欺负女同学、小同学等；这个问题发觉以后，在教员中间，各人的看法不同，而意见也距离很远，引起了很大的分歧，综合起来有以下几种不同的见解：

一、这种有组织的、有计划的偷窃、捣乱，是有意识的坏行为，应该从严处分。

二、他做了这样多的坏事，已坏到不能再坏，必须开除学籍，来警诫其他的孩子。

三、他们有组织的破坏学校，很像特务活动，应该提高到政治问题上来研究。

四、从这一个问题发生，推想起来可能还有和他们一样或比他还要坏的学生，我们还没有发觉，不妨来一个"整风运动"，彻底整顿一下。

五、现在可以抓住这个问题来整顿，叫三年一全班孩子都把背后所做的坏事"坦白"出来；然后推广到全校各班的孩子都"坦白"自己的错误，展开一个运动，这个运动一定要雷厉风行，甚而至于造成恐怖的空气也不要紧。

六、孩子犯错误，并不是什么奇怪的事，不必过分严厉处罚，主要的还是教育说服。

七、对孩子整顿纪律也好，加强教育也好，都要"实事求是"。不要毫无根据的提高到政治的原则上去，把政治上的"整风"、"坦白"、"审查"等名词和方法也牵强附会的用到孩子身上去。

八、反对开除犯错误的孩子，并且不同意给孩子任何纪律制裁，只有从孩子思想上解决问题。

另外也还有各种和上面相类似的见解，或是在中间摇摆的。从这个具体问题出发，就牵涉到训导上许多基本问题：如思想教育问题，纪律执行问题，奖惩制度问题，开除学生问题等。

这个问题发生以后，就由教导科经过酝酿准备，领导同志们开了两个晚上的讨论会，会场上的争论非常热烈，许多模糊的、偏颇的意见，经过大家反复讨论研究以后，就逐渐澄清变得明确、中肯。第一晚从黄昏开到夜深，问题没研究透彻，第二晚接着再开，直到谈彻底为止。最后再把大家意见综合起来：

一、偷窃捣乱的原因：这个为首的孩子已经是十五岁的大孩子了，抗战以来，一直在前方过生活，家庭里又发生许多重大的变故，他母亲首先被日本人杀害了，父亲就娶了一个对待他不好的继母；不久父亲也牺牲了，他就在前方部队里过着流动生活，当过好些时候的勤务员，一直就没有上过学。后来跟继母回到延安，继母又嫁了人。这样一个生活在变乱中、缺乏教养的孩子，心理状态就不正常，并且很容易染上许多不良的习惯和意识。例如：继母对待他不好，可能就是他当面做好人，背后做坏事的原因之一。

他四四年秋季初到学校，有了学习的机会，很想学好，当时他的级任教员对他的学习、生活也督促得很认真，学习成绩很好，也能帮助小同学，他就由一年级下学期提升到二年级下学期。同时他初到一个新的环境，情况不熟悉，胆子还小，不敢做坏事，把自己的毛病暂时隐蔽起来。

四五年上半年，提升到二年级下学期，开学以前的寒假生活，比较散漫，这也助长他向坏处的发展，更重要的是级任教员对他了解太少，在教学和训导上也没有把他的能力引导到积极的学习、工作中去，没有及时的发现问题，认真的处理问题，在问题处理上，又有偏袒女孩子的地方，造成男女生对立；这一班在当时的教导上也是比较差的（例如午睡时间让学生到河边洗澡，让学生在号舍打扑克等），这几个男孩子的表现固然不好，几个女孩子的生活也很散漫。整整一个学期先生都被欺瞒过去，始终没有发现他们在背后做许多坏事。学期终了，在为首孩子的成绩报告表上写着："本学期由一年二升到二年二，中间跳了一学期，心目中有点自负，爱玩，学习不用功，不然学习成绩还可以较好的；为公共服务精神很好，生产积极，防旱备荒，他一个人所开的地比全班同学多一倍；在农业组生产情形也好。"从这个评语上，就可以看到教员对于孩子的了解是很表面的。怎么能抓住要点，有效的进行教育呢？一次一次的问题都没弄清楚，孩子就越发胆大，这样就发展了孩子们的错误。领导上在这一学期对于级任教员工作的了解和帮助也不够，所以他们所犯的错误，教育上是要负责任的，不能完全责备孩子。

二、问题处理：他们所犯的错误是严重的，违犯学校的纪律，应当受到纪律制裁，八个孩子依照犯过轻重，给予适当惩戒，但决不要逼得孩子在同学面前抬不起头来；要叫他们懂得不能违犯纪律，懂得改悔，同时教育其他孩子。更基本的还是加强他们的思想教育，使他们了解他们所做的错事，对大家、对自己有什么不好，从思想上自觉的改过。处理的具体办法是：

1. 执行纪律：主使的孩子留校试读，附从的，依照情节轻重，给予记过、警告等处分；

2. 今后加紧指导督促他们的学习、生活，注意耐心而长期的进行思想教育，争取他们自觉的改过、学好；

3. 把事情经过写信告诉他们的家长，与家庭配合起来，对他们进行教育；

4. 他们偷去和损坏的东西，由他们生产（纺线等）偿还。

三、这个问题给我们的教训：

1. 我们过去对于孩子们了解太少了，今后校长、科长、教员（尤其是级任）、保姆，要尽可能的和孩子们保持最多的接触，有系统的研究、了解孩子，对于新学生，一到校就要注意了解他们的过去出身、成份、经历、个性等；

2. 要加紧把握具体问题，对孩子们进行思想教育，从各方面在思想上提高孩子；

3. 纪律教育需要加强，一发现问题，就穷根究底搞清楚，彻底解决而不能放松；

4. 教导科应该经常了解各班情况，督促并协助某些需要帮助的班级解决问题；

5. 教育我们不要主观，不要看轻小孩子，以为小孩总是单纯的，要晓得孩子们各有各的经历、个性、思想、感情，是研究不完的；孩子是有能力的，他们能干出许多惊人的好事或坏事，做教师的应该"了解"，而不是"看轻"。

四、从这个问题，联系到整个学校的纪律：

1．我们学校纪律比过去已经有了显著的进步，但是还没有达到较高的水平，学生中还有没有礼貌、吵闹、偷窃、不团结等事情发生，这几个孩子在上半年所干的事情，是其中最严重的，但却不能看做一种普遍的现象；

2．我们学校的纪律，需要有计划的进一步的提高，可以发动一次"提高纪律运动"：在先生方面是"提高纪律教育运动"，在学生方面是"提高自觉的遵守纪律运动"，并不是政治上的整风之类的运动。在提高纪律运动中，不允许滥用"整风"、"坦白"、"抢救"、"审查"等政治名词。

五、怎样开展、提高纪律运动：

1．造成热烈振奋的空气，给孩子们一个深刻的印象，有准备的举行提高纪律动员大会，黑板报出提高纪律专号；使孩子们从思想上进一步了解什么叫"铁的纪律"，"自觉的纪律"；

2．教导科长和级任教员并指导学生会，有计划的、有组织的深入检查，了解孩子们的遵守纪律情况，如起身、睡眠、吃饭、早操、上课、生产、图书馆、俱乐部、文化娱乐时间，星期天等，学生遵守纪律的情况，还有哪些地方需要提高；纪律好的典型，是哪些地方，哪些孩子；坏的典型，又是哪些地方，哪些孩子；根据这些具体情况，研究出提高纪律的具体办法；

3．发动孩子们进行批评和自我批评，互相学习优点，善意的帮助同学改过，虚心的接受同学的批评；教育孩子学习批评和自我批评，从批评和自我批评中，提高孩子们的思想认识，检查过去，努力将来。在批评的时候，先谈优点再谈缺点；

4. 研究现有的纪律常规是否合理、切实，能行得通？通过学生讨论修改，建立起合理的常规和制度，并认真执行（确定由谁执行，怎样执行？）；

5. 由教导科、级任等执行纪律的机构和负责人，随时登记各方面纪律状况，每周总结公布一次；

6. 酌量发动纪律竞赛；

7. 十二月份选举纪律模范（团体的和个人的），给以奖励；

8. 提高纪律运动所得的进步，必须从思想上、纪律的执行上加以巩固，并经常持久，不断的提高。

六、加强思想教育：

1. 充实早会的内容，校长、教员，针对着当前的学习、生活给孩子们作简短谈话和讲演；

2. 校长、教导科、教员对孩子们进行主动性的个别谈话；

3. 中、高年级孩子，加强读报和时事教育；

4. 周会等多给孩子讲列宁同志、斯大林同志、毛泽东同志的生活故事，以及红军长征，八路军抗日的故事等，并多启发孩子们讨论新民主主义社会的做人做事的道理。

七、充实学生生活：

1. 提高教学，教员上课要做充分准备，要做到教的有内容，学的有兴趣；

2. 生产活动，要把各组生产进一步加强起来；

3. 俱乐部要计划文化娱乐活动的加强，组织孩子学习乐器、排演秧歌；

4. 筹备成立小博物馆和美术室；

5. 酌量举行故事比赛、讲演比赛、纺纱比赛、小运动会等活动；

6. 乘着秋高气爽，选择好天气，领导孩子到校外参观，采集，远足旅行。

八、建立明确的奖惩制度；在纪律的执行上，好的应当奖励，坏的应当惩戒，但以多奖少惩为原则：

1. 奖励：分口头奖励、在大会上或黑板报上公开表扬、发给奖状（奖状分特等、甲等、乙等三种）、发给奖品或给以某种优待等四种；

2. 惩戒：分劝告、个别口头警告、公开警告、记过、留校试读等五种；

3. 奖励和惩戒，得根据学生行为的进步或倒退酌量撤消所给予的奖励或惩戒。

经过两个晚上的讨论，得出来这样一个大家认为比较中肯的结论，虽然不一定正确，但解决了问题，统一了大家的意见，也推动了工作，以后在工作上，步调也就更一致了。

事实最能说服人

"对孩子的教育应该着重耐心教育说服，不应一味强制。"这本是公认的一个好原则，有的同志在道理上虽然反对不了，但是做起来总是有些怀疑，甚至不知不觉的在事实上反对这一个原则。可是在实际工作中，主张强制的教员，虽然方法是不好的（靠强制来维持纪律），但是他在教学和生活管理上很认真、负责，因为这样，在教育效果上暂时看起来倒也不算太差。另一方面口头上坚持正确原则的教员，虽然对孩子很和气，可是在工作当中，方法既少，又不大负责任，孩子放任开了，反而搞得很糟。这样一来，在教育思想上比较保守的教员，更坚信自己的方法是好的，中间的人也动摇起来。大家从轻视夸夸其谈的人，变成到轻视正确的教育原理。

后来彭迪同志担任五年一的级任，韩作黎同志担任四年一的级任，他们对于这一问题认识清楚，作风踏实，很爱护孩子，经常和孩子们一起谈家常，讲故事，孩子们犯错误除了给以适当的严正批评，并不乱发脾气；孩子生病了，他们就问寒、问暖，照料着喝水、吃药；尿床的孩子，韩作黎同志每天夜里起来到门前叫他起来尿尿；他们爱护孩子，孩子也就尊敬他们。他们所讲的话，孩子们从心眼里服从。他们到野外散步，孩子们也跟上，一面走一面谈着生活上或学习上的事情。晚上孩子们常常挤到他们的房子里谈时事、讲古今，师生关系非常融洽；学生在思想上、纪律上、学习上进步又非常快，全校最高两班孩子的风气转变过来，其他各班也就跟着转变。意见不同的教员，自然而然放弃过去的见解。因此，给我们一个经验："好的方针、好道理，不一定能说服大家，还要能实事求是的采取适当的方法和步骤，把抽象的道理，变成活生生的事实，来教育大家，推动全盘工作。"

把握中心耐心工作

当我们还没有上轨道的时候，就把团结核心、健全组织、建立制度，作为全校的工作中心；等到工作上了轨道以后，为了巩固已有成就，准备提高今后工作，教职员的政治学习、业务学习就作为这一个时期的中心，加以组织和推动；当各方面工作大致做得不差，深入研究、精雕细刻，进一步提高工作质量，又应当提出来作为工作中心。其他像总务工作、教导工作等，每一个时期都找寻到当时急需解决，关系重大，影响全局的中心问题，着重加以解决。

在工作中间，问题是经常会有的，事情的进行并不会完全顺利，有时还难免被误解，碰钉子。我们觉得想把事情做好，需要韧性战斗——耐心工作；教育孩子多了解一个问题，字写得有进步，作文程度提高了一步，学会一件小本领，改掉一个小缺点；这个月解决了菜园种菜的问题，下个月再把磨房建设起来；搞成一个小小的图书馆，再成立个俱乐部；添置几张桌凳，捐募一套锣鼓……这样一砂一石的进行学校建设，年积月累，孩子们和学校就一同成长、一同进步起来。

总结经验教育

我们每个人的工作，每一门功课，每一个教育活动，都要按时进行检讨和总结，一件事情没有总结以前，就不能算真正的完成和结束。秧歌活动之后，教员开了两天检讨会，教员和学生在一起，又开了一个下午的座谈会；吴洛同志写的那篇"孩子们的秧歌"，就是参考着秧歌活动总结写成的。此外，每一学期结束之后，就利用假期时间，从行政领导、总务工作到孩子们的生活指导、训导、教学，做详尽有系统的全面检查。一九四六年一月，寒假开始前即做检查工作的酝酿和准备，由校务会议决定检查工作的目标和基本原则，然后由两科负责同志和有关同志共同拟定检查工作的具体计划大纲，从菜园、农场、伙房、马号、各科教学、各班生活管理和训导等，一直检查到总务，教导两科和全校的领导。各个人担任的某科教学或某一部门工作，都用文字写成书面报告。

检查会议两科分开举行，先由各人向大家报告自己所担任的某部门工作，半年来经过的情形，在工作中有些什么便利和困难条件？哪些事情在什么情况下采用什么办法取得成功？哪些事情为什么原因就没做好……把经验教训一一总结出来。报告完了之后，再由参加会的同志把事实和报告对照起来，提出意见、疑问和不同的看法，供报告人作为修正总结、改进工作的参考，这样一个人一个人轮着报告下去，报告完了，再由主持会议的同志把报告内容和同志们所提的意见、问题，一一整理出来，综合成几个中心问题，展开讨论；讨论以后，由主持会议的同志，做成总结，向大家提出报告；报告以后，同志们还可以提出修正的意见。这次总结工作，前后一共经过二十天的时间，也就是二十天的业务学习，找出来各部门工作和全校工作半年来主要的成就和主要的缺点，作为下一学期计划工作、提高工作的根据。

大家听了同志们的工作报告，各个人有怀疑或不同意的地方，曾提出许多问题，这次所提出的问题，虽然不很深刻，提法也不一定妥当，但是对我们来说，都是工作中普遍或个别发生过的现实问题（因为教员的流动性大，经常有十分之三四的新教员，有些问题过去讨论解决过，因为他没参加，这次会上他又提出来讨论）；只有把这些问题解决了，大家的认识才会一致和提高，今后工作也才会一致和提高，因而也就不能看轻每一个人所提出的问题。

总结会关于训导和教学方面的问题的一部分附在下面：

总结工作参考提纲（第一部分）

甲　训导问题

一、对训导的认识：

1. 我们的训导目标如何？

2. 政治教育、阶级教育如何实施？

二、训导态度：

1. 对孩子的基本认识和态度？

2. 根据各种不同的场合、各种不同的对象，师生关系应如何？

三、训导方法：

A、一般孩子的训导方法：

1. 如何培养学生的自尊心、自觉性同自制能力？

2. 对男生与女生应采取什么不同的态度与方法？对年岁较大的女孩子应采取什么态度与方法？

3. 如何运用群众力量？当放手民主时如何集中？能不能单纯执行孩子们的民主决定？

4. 学生干部的权力范围多大？（例如：小组长能不能管理全班？级长可以不可以处罚同学？）

5. "留班察看"的意义同作用是什么？

6. 级任把调皮孩子送给教导科去管，应该是目的呢还是方法？实际作用如何？

7. 考查孩子问题时，可不可以用："诈"、"偷听"、"吓唬"……等方法？

8. 用不可能实现的方法（如站一夜、叫狼吃、开除……）吓唬孩子好不好？

9. 给孩子讲故事，有过什么偏向？应注意些什么？

10. 如何吸收孩子的意见？如何建立先生威信？

11. 训导与当前的各种实际活动如何配合？

12. 是不是和孩子整天相处在一起，才算师生关系密切？

B、特殊儿童训导方法：

1. 什么叫特殊儿童？

2. 顽皮儿童处在先生看不起、同学讽刺的环境中，对他有什么影响？

3. 如何培养顽皮儿童与教员的友好感情？

4. 高材与低能儿童指导问题。

四、奖惩制度：

1. 记过的意义同作用如何？可不可以用扣分处罚孩子？

2. 什么叫体罚？

3. 如何应用处罚？实际运用中哪些好哪些不好？

4. 处罚多与少在效果上有什么差异？

5. 说道理可不可以代替处罚？

6. 怎样去奖励学生才妥当？（三年一有的孩子为什么不能鼓励？）

五、各方面的配合：

1. 级任与级任、科任与级任工作如何配合？

2. 级任教师对别班孩子应采取什么态度？

3. 如何免除炊事员、运输员……等对孩子的坏影响？

六、生活指导：

1. 如何指导孩子的卫生？

2. 如何指导文娱活动？

七、考察记载：

1. 如何正确考察记载学生在实际活动中的思想能力表现的活成绩？

2. 要不要记品行分数？

3. 好作文记一百分是否科学？

乙　教学问题

一、教材：

1. 边区小学课本对农家儿童适合，对我们这些孩子是否适合？

2. 关于反面性的教材（例如：讲一个坏孩子的故事），应怎样讲，才不发生反作用？

3. 在高、中年级应用文的内容与比重应如何？

4. 在高年级，应不应教些文言文？

5. 以整风文献上"反对自由主义"之类的文章做小学教材可不可以？

二、教学进度：

1. 一年二，国语两个月教十九课，是否适合？

2. 二年二，两个月学会一千字，是否真的认会了？

三、国语教学：

1. 高低年级教学过程各应怎样？

2. 实行小先生制的效果怎样？

3. 低年级的课本、铅笔、本子的保存问题。

4. 讲得枯燥与扯得远的毛病何在？

5. 两头小和中间大的教课方法怎样（意思是从课文出发，发挥到各方面，再归结到课文）？应大到什么限度？

四、习字指导：

1. 照书本习字，是否适合？写字应在什么时间？

2. 低年级应怎样教写字？

3. 三年一过去写字时间是否太多（平常每天写一百小字，教员去修飞机场等因事不能上课，教学生每天写三百小字）？

4. 稠字（笔划多的字）不让练是否好？

5. 练大字是否需要？

6. 强制孩子写字，有效果，是否也可以应用？

五、作文指导：

1. 作文题应出多少？具体、抽象，哪一样好？由学生自拟题是否好？

2. 作文要不要草稿？改后再抄，是否合适？

3. 批改法、评语、记分应怎样？

4. 作业的形式与整齐问题。

5. 为展开篇幅，对错、别字，是否可以不加限制？

6. 对儿童作品的相互观摩问题。

六、教学联系实际问题：

1. 教学与生产活动、社会活动等配合问题。

2. 我们的教学联系实际达到怎样程度了。

3. 有哪些是脱离实际的？

七、其他问题：

1. 如何培养孩子的各种兴趣？

2. 补充读物选择指导、考查问题。

3. 时事教育应自哪一年级起？混合在国语中教好？还是单独另立一科？

教职员的生活和学习

在边区，吃饭、穿衣由公家供给，生活上没有多大问题；但有些同志难免有特殊的困难和需要，学校方面酌量各人的经济情况和生活需要，补充些被褥、鞋、袜，和解决一些临时的困难，以免在生活问题上多费心力而影响工作；年岁较长、身体不好的同志，生活上更要照顾。在一九四五年夏天曾经专门拨了四十几万边币，作为工作人员的保健基金，对于身体不好的人，发给临时保健费或定期保健费。我们曾经推派能干而负责的同志来组织教职员的学习，并努力取得报纸和参考书，把全体工作人员分成学习小组，选出学习组长，由组长和学习领导人组成领导学习的核心，订出学习计划，按照计划督促大家看报纸、看文件、准备发言提纲、开漫谈会、开讨论会，学习政治，学习业务，也曾收到一些效果。

但是我们的教职员的学习，并没因此就做到很好。在检查工作中发现一个基本的错误，就是在教职员学习中间，成为集体学习为主，个人自修反而被忽视了。实际应该反过来以个人自学为主，也就是"有组织有领导有检查的个人自修"，集体讨论等应该放在辅助地位。这个原则，在一般机关团体的在职干部学习，固然要遵守，学校里边教职员的学习，更应该这样做。因为教职员的文化程度、政治水平、生活经验都有很大的差别，工作的时间不同，工作的性质不同，在这种情况下，如果过分强调集体性的学习，是不合实际的想法。同时有的时候，一部分人工作忙，另外一部分人虽然空闲，也就不进行学习。例如在秧歌活动期间，五六个指导秧歌活动的同志工作很忙，就不能按照共同的学习计划去看书、开讨论会，可是这个时候，其他教职员反而比较空闲，本可以乘这个机会多学习东西，可是因为总的学习停顿了，他们的学习也就变成自流，这是不合理的。还有一种情况，个别同志整天叫着要学习，埋怨在这里工作学习不到东西，埋怨学习领导不强，埋怨书报太少，听报告的机会也少。可是在假期的时候，他并不抓紧时间学习，东去看朋友，西去看亲戚。平时学习上督促得紧些，他又埋怨工作太忙，没有时间学习。有时派他去听报告，又嫌路太远了，开几天业务座谈会，又说太花费时间。因此造成热烈的学习风气，养成好学不厌、实事求是的钻研精神，就显得重要了。

根据这些经验教训，学校教职员的学习，应该以个人自学为主，同时建立强有力的领导，培养学习研究风气。根据每个同志的工作情况、文化政治水平，帮助他们订出分量相当的学习计划（一般计划分量容易过多），同时每周、每月、每学期，进行有系统的、负责的督促检查；配合着个人学习，酌量组织时事的、政治的、业务的漫谈和讨论。这种学习的方法，可以叫做"统一领导下的个人进修"。在这里要注意防止放松领导、督促检查，和个人学习拖沓，使学习变成自流的偏向。

干部的生长

只要注意培养，干部是会在工作中生长起来的。在学校里工作到半年以上的同志，多数是比较称职的教育工作者，经过半年以上的时间，工作摸熟了，兴趣提高了，经验积累了，教育思想和大家接近了，工作也就容易做得出色，所以干部流动性太大，对工作是不利的。因为时局影响，过去一年半干部调动太多，否则我们将有更多优秀的教师、总务工作同志和保育人员。虽然如此，我们现在还是有不少模范工作者，值得介绍出来的：

一个顶两个

一九四五年二月，王家坪总部送来曹淼等三个孩子，还介绍了一位保育员——吴成保同志，他穿着整齐的军服，脸皮黑里透红，嘴上生着密密的胡楂子，见了校长就挺胸凹肚的行了个军礼，看仪表完全是一个勇敢的"老八路"。当时心中暗想："这样的同志也能做照料小孩子的工作么？"

后来就分配他给年纪小的孩子洗衣服，并照看孩子，过了月把，学校黑板报上登出了一篇表扬他的文章，标题写着：

"吴成保，工作好，到处去把活来找。"

的确吴成保同志做工作非常认真负责，在这一年多，不但从头到尾一贯积极，而且是愈做愈强。他一个人要洗七八十个孩子的衣服，从来没叫过苦，同时还想出办法把衣服洗得干净，洗好晒干发给各个孩子，不弄错了；衣服上发现虱子，就找一口大锅，在游戏场旁边挖了一个土灶，把包木炭的树枝拾来煮虱子。早晨照料小孩子起床洗脸、整理床铺，晚上照料小孩子尿尿，进号舍睡觉，过几天就把被褥拿出来晒一回。无论找他做些什么临时工作，从来没皱过一次眉头。而且一有空就自动去找工作做：教员们出去开会，就自动代替教员照料孩子；下雨路滑，就自动的拿把镢头把土坡修成台阶；连下几天雨，小孩不能下去吃饭，就自动的把饭打上来给孩子们吃；要成立俱乐部，就自动去把窑洞收拾干净，并把地铲平；半夜里孩子病了要送医院，找不到抬担架的，大家很为难，他说："找不到人我去。"像这一类的事情多得很。

他的学习也努力，学生上课的时候，就拿上一本教科书，坐在小娃娃教室里听课；晚上孩子们都睡了，还点着灯在念书写字；有时也请小娃娃当他的小先生，或是拿着书本去向教员们问字。学校里组织学习，他是保育班和炊事班的学习组长，每晚总是先到教室把灯点好，又去找组员们来上课。

他脸上经常现出朴实的微笑，爱唱歌、唱小曲子，也喜欢吹笛子、拉胡琴，开娱乐晚会总乐意参加个把节目；孩子们扭秧歌，不是兴高采烈的打锣鼓，就是夹在小孩子队伍里扭着唱着。

吴成保同志的作风这样纯厚朴实是有原因的：他生在距离延安几十里外的贫苦农民家庭里，父亲早死，十几岁的时候，就靠揽工过日子。先在家乡附近揽工，后来到黄河边揽工，受尽地主的剥削。这个善良的雇农，有一次替地主背谷子从山峁上走下来，因为背得太多，山路又陡又滑，一跤跌到山沟里，把膀肘骨也跌断了。可是黄河边那家混蛋地主一直拖欠他几十块白洋的工钱，土地革命时期，陕北闹红了，他和他兄弟很自然的参加了刘志丹同志所领导的工农红军，抗战以后一直在联防司令部等处工作。因为他出身贫苦，又经过长期革命斗争的锻炼和教育，所以处处表现出对于革命事业的无限忠心。他母亲住在延安旧城里，有一次他买了二斤肉去看母亲，母亲的邻人对他说："你已经快四十岁了，革命革了这么多年，还没讨上一个婆姨，不如回来安上个家算毬了。"吴成保回答他说："日本还没打倒，革命还没成功，没有婆姨的也不只我一个，我还是干下去。"这种有阶级觉悟雇农出身的同志，容易培养成工农革命事业最可靠的干部。

同志们常常说："吴成保同志的工作，真是一个顶两个。"可是吴成保同志在开会的时候却常说："我们闹革命，是为穷人谋幸福，现在到学校工作，就是要把这些革命后代教好，……我的工作做得很不够，脾气很急躁，请校长、各位同志多多批评，多多帮助。"

管家婆

王新生同志，四川人，是一位卅二岁的女同志，原来是本校二年级教员兼管孩子的日常生活，工作作风踏实，一贯积极负责，任劳任怨，一九四五年春天就请她担任教导科长。开始的时候，工作生疏，有些同志们还怀疑她的能力。可是不久以后，她就成为一个大家公认积极性非常高，而又能坚持工作，爱护孩子的好科长。她对孩子的生活管理，认真细致，不怕繁琐，大家说笑，称她为"管家婆"。在一九四四年冬天，在窑里引起炭火给一二年级的小孩子洗澡，因为洗的孩子太多，时间太久，她被炭酸气闷晕过去，经医生救治，过了半小时才清醒过来。因为她爱护孩子，孩子也分外的爱护她。一九四五年秋天，被调到前方去工作，临走的欢送会上，她舍不得离开自己抚养了两三年的孩子，管了两三年的"家"，喉咙哽咽的擦着眼泪，孩子们也擦着眼泪看着她。厨房里的六十三岁的老炊事员苏宜和同志，坐在一旁，也偷偷的擦着充满泪水的老眼。

从文艺的路到教育的路

韩作黎同志，河南人，廿九岁，爱好文艺，原希望在写作上求得深造。一九四五年春季初到学校的时候，担任四年级任。他参观边区文教展览会以后，很能理解新教育方针和法则，本着耐心说服，启发诱导的原则去教育孩子，和孩子生活打成一片，实事求是研究教学方法，改进教学。半年以后，不但把自己一班搞得很有成绩，而且影响推动了各班。一九四五年秋季，担任教导科长，工作胜任愉快，对于教育工作取得了经验，同时也就发生了兴趣，一年前并不打算长期做教育工作，现在却愿在教育方面努力了。最近坚决要求回到班上去做级任教员，专心研究几个特殊儿童。在短短一年多的时间内，他已经由一个爱好文艺的同志，变成一个很有为的教育干部了。

不愿当教员的好教员

惠怀国同志，陕北米脂人，一九四四年夏天，刚从米脂初中毕业，到延安来，由边区政府分配工作。他心里暗自盘算："什么都干，就是不当小学教员。"（认为当教员没出息）政府果然分配他去当教员，他坚决不愿干；后来派他到我们学校总务科当管理员，他答应了，但并非愿意干事务工作，主要的还是为了避免当小学教员。初到学校，派他照看工人修窑洞，到外面买东西、要账；后来又到保管室里当保管。那时（一九四四年秋天），他才十八岁，初出学校门，幻想正多，干琐碎的事务工作，实在不愿意。保管室弄得乱七八糟，整天吊儿郎当，没精打采的，存心对付半年再说。寒假一到，果然提出要求调工作，或是去学习。经过几次说服，决定一九四五年春天，调到教导科当一年级下学期的级任教员。开始的时候，在教学上办法少，但是肯努力干，一方面向别人学习，一方面自己摸索，慢慢的就做出头绪来了。他一有空就跟孩子们在一起，和孩子们很玩得来，因为他是一个十九岁的大孩子。对于调皮孩子，开始采取压制的办法行不通；后来就改变方法，和孩子们关系搞好，孩子们有点进步，就加以鼓励，并注意培养小干部，让孩子自己管理自己。天一亮，他就到孩子们号舍里去，指导并帮助孩子们整理床铺，晒被褥。保姆不在，小的孩子没人照看，就自动搬到号舍里和孩子们睡在一起，代理保姆职务。他还能想些穷办法，和孩子们玩得很快活，一次星期六晚上，带着班上的孩子，开了一个"开水故事晚会"，在课堂里点上油灯，和孩子们喝开水、讲故事，会开得很热火。校里每次开晚会，他总自动搞些节目，指导孩子们排演、参加表演。今年（一九四六）儿童节，编两个儿童秧歌剧，一个叫"大放牛"，一个叫"消灭害虫"，孩子们演的看的都高兴，成为会中最精彩的两个节目，因为剧的内容、语句、歌曲、动作都紧密的联系着孩子们的实际生活，适合孩子们的兴趣。

孩子爱护他像爱护自己的哥哥，他走到哪儿便有一群孩子跟到哪儿。一九四六年一月，他趁着寒假要回家看看，走的那天早上，没敢告诉孩子，当孩子们发觉惠先生已经动身回家去了的时候，便哭着叫着一直追赶到校外拉住他不让走，经过他再三劝说并答应一定回来，孩子们才放手。

他的父母已经年老，劝他就在米脂当教员，那里的教员待遇也比延安好，每月四斗多小米的津贴，可是惠怀国同志为了工作，为了他教育过一年的孩子，终于在开学前十天回到学校。开学以后，想种种办法把自己班上搞得更好，进一步对于教育工作，做深入的学习和研究。经过两个月以后，他班上的孩子显出惊人的进步，二年级下学期孩子们的作文、习字，已经可以赶上一般三年级的水平。今后只要不断努力，他在教育工作上的发展，正有前途。

此外还有几位教员同志，总务科王科长，医生李恭秀同志，护士黄素同志，保育员秦萱同志、谢肇同志，炊事员苏宜和同志、张玉东同志，磨房里的王启贵同志，菜园里的熊光礼同志……都是工作努力的好同志，因限于篇幅，不能把他们的好处一一写出来。

（完）

一九四六年四月写于延安邓家沟

一九四七年七月于太行武安大井村修改完毕